湖北省高校人文社会科学重点研究基地"湖北教师教育研
项目编号：JSJY2017010，湖北省高校优势特色学科群 — 教

U0638829

基础教育调查报告——
学生、家长和教师的心理压力及影响因素
（2018—2019）

吴贤华　张和平　刘永存
程　丽　尹　霞　徐兆佳　著

吉林大学出版社
·长春·

图书在版编目（CIP）数据

基础教育调查报告 ：学生、家长和教师的心理压力
及影响因素：2018—2019 / 吴贤华等著. — 长春：吉
林大学出版社，2020.12
　　ISBN 978-7-5692-7176-8

　　Ⅰ．①基… Ⅱ．①吴… Ⅲ．①基础教育—调查报告—
中国—2018-2019 Ⅳ．① G629.2

中国版本图书馆 CIP 数据核字 (2020) 第 186427 号

书　　　名：基础教育调查报告
　　　　　　——学生、家长和教师的心理压力及影响因素（2018—2019）
　　　　　　JICHU JIAOYU DIAOCHA BAOGAO
　　　　　　——XUESHENG、JIAZHANG HE JIAOSHI DE XINLI YALI JI
　　　　　　YINGXIANG YINSU（2018—2019）

作　　者：吴贤华　张和平　刘永存　程丽　尹霞　徐兆佳　著
策划编辑：邵宇彤
责任编辑：王　洋
责任校对：宋睿文
装帧设计：优盛文化
出版发行：吉林大学出版社
社　　址：长春市人民大街 4059 号
邮政编码：130021
发行电话：0431-89580028/29/21
网　　址：http://www.jlup.com.cn
电子邮箱：jdcbs@jlu.edu.cn
印　　刷：定州启航印刷有限公司
成品尺寸：170mm×240mm　　　16 开
印　　张：8.25
字　　数：160 千字
版　　次：2020 年 12 月第 1 版
印　　次：2020 年 12 月第 1 次
书　　号：ISBN 978-7-5692-7176-8
定　　价：36.00 元

前　言

　　教育是事关人民群众切身利益的民生问题。随着我国社会主要矛盾的转化，教育领域的供求关系、资源条件、评价标准都发生了深刻的变化，在"有学上"问题基本解决后，人民群众更期盼"上好学"，希望享受更加公平和优质的教育资源。对教育现象的理解、教育问题的解决，需要立足实践，立足调查研究，用事实、数据和证据说话，方成谋事之基、成事之道。

　　2018 年，教育部出台《关于在教育系统大兴调查研究之风的意见》（教党〔2018〕12 号）文件，决定把 2018 年作为教育系统"调查研究年"，强调"调""研"并重，既要把事情的真相和全貌调查清楚，又要进行深入细致的研究分析，准确把握问题的本质和规律，把解决问题的思路和对策研究透彻。

　　湖北教师教育研究中心和学生发展协同研究中心是隶属于湖北第二师范学院的省级人文社科研究基地和基础教育研究机构，致力实证取向的教育研究。2018年，该中心组织研究力量，成立专门的实证调查项目组，充分研究和剖析当前基础教育中存在的主要问题。项目组反复讨论后一致认为，教育最大的利益相关者是学生和家长，决定教育质量的核心要素是教师，围绕教育公平和教育质量的问题都可以通过对学生、家长和教师群体的描述和研究来获得深入理解，寻根索源并找到解决之道。经过充分讨论和系统规划，该中心启动以"教育压力"为主题的教育实证调查，面向中小学的学生、家长和教师，以及幼儿园的家长和教师展开调查，形成五个调查数据库。本次调查问卷涉及人口特征、家庭背景、学校特征、教育行为、学习行为、教育观念等多个方面的变量。项目组对回收的数据进行了校验和清理，并撰写出调查报告。

　　本调查报告分为五章。第一章主要介绍调查背景及调查设计，第二章主要分析中小学学生的压力状况及其相关因素，第三章主要分析中小学家长的教育压力及其相关因素，第四章主要分析中小学教师的教育压力及其相关因素，第五章主要分析幼儿园家长的教育压力及其相关因素。项目组负责人刘永存博士承担调查项目的整体规划、设计和实施，并协助完成调查报告中第一章和第二章的撰写，尹霞研究员负责第二章的撰写，张和平博士和徐兆佳研究员负责第三章的撰写，吴贤华博士负责第四章的撰写和全书统稿，程丽博士负责第五章的撰写。

目　录

第一章　绪论

一、调查背景

教育是最大的民生工程，事关人民群众的切身利益。随着我国社会主要矛盾的转变，教育领域的供求关系、资源条件、评价标准都发生了深刻的变化。在"有学上"问题得到基本解决后，人民群众更加期盼"上好学"，希望享受更加公平而优质的教育资源。调查研究是谋事之基、成事之道。只有切实加强调查研究，才能真正抓住并解决人民群众最急最忧最怨的教育问题，不断满足人民群众日益增长的对更好教育和更加美好生活的需求。2018年教育部出台《关于在教育系统大兴调查研究之风的意见》（教党〔2018〕12号）文件，决定把2018年作为教育系统"调查研究年"，强调"调""研"并重，既要把事情的真相和全貌调查清楚，又要进行深入细致的研究分析，准确把握问题的本质和规律，把解决问题的思路和对策研究透彻。

教育作为关乎民生的社会活动，最大的利益相关者是学生和家长，决定教育质量的核心要素是教师。围绕教育公平和教育质量的教育问题，诸如"家长教育压力""学前教育入园难、入园贵、监管弱""城乡义务教育一体化发展""控辍保学""择校热""大班额""中小学生课外负担重"，等等，都可以通过对学生、家长和教师群体的描述和研究来获得深入理解，寻根索源并找到解决之道。

鉴于此，湖北教师教育研究中心和学生发展协同研究中心在2018年10月启动了"2018年中国教育压力"调查项目，调查的核心主题是关注中小学及幼儿园阶段的学生、家长和教师的教育压力。除了"教育压力"，本调查还对"家校合作、学习投入"等一系列具有重要理论研究价值和实践意义的概念进行了调查和测量，形成了 5 个涵盖百余个变量的调查数据库。项目组围绕这些调查数据，全面分析，深入挖掘，从不同理论视角获得对当前中小学及幼儿园教育的描绘和理解，为政策提供启示和建议。

二、抽样方法

本次调查主要针对两个学段的师生及家长群体：第一是中小学阶段的学生、家长及教师，第二是学前幼儿园阶段的家长及教师。调查以湖北省的中小学和幼儿园为主，其他省份的中小学和幼儿园为辅，采用多阶段分层整群抽样方法抽取样本学校和班级，样本覆盖了 24 个省份。

项目组对抽取的中小学班级的全体学生及其家长分别进行"中小学学生问卷"和"中小学家长问卷"调查，对抽取的中小学学校和幼儿园的教师分别进行"中小学教师问卷"调查和"幼儿园教师"问卷调查（对幼儿园的孩子不调查，仅调查他们的家长和教师）。调查工具使用"问卷星"在线调查平台，数据收集时长 1 个月。

三、调查数据

本次调查共获得中小学学生填写的有效问卷 7 419 份，中小学家长填写的有效问卷 6 703 份，中小学教师填写的有效问卷 1 242 份；幼儿园家长填写的有效问卷 2 792 份，幼儿园教师填写的有效问卷 505 份。

第二章　中小学学生压力

"佳佳最近老是惦记着自己的作业，每天睡觉前都会担心自己漏做作业，睡前一定要一再查看书包。"在调研采访中，来自湖北荆州市某小学三年级的学生妈妈这样说道。无独有偶，湖北宜昌市某高三学生的家长担心地说道："我家孩子马上要高考了，可他每天都睡不着，白天又没精神，做题也做不进去，孩子急得直哭，这可怎么办？"……

项目组在调研中发现，像这样的孩子不在少数，许多中小学生出现了不同程度的心理压力：担心自己学业跟不上，担心被教师批评，担心同学不喜欢自己，等等。2018年12月28日，教育部等九部门印发《中小学生减负措施》(减负三十条)，文件中力推减负，严控作业。其实，从2000年起，教育部就针对中小学减负发布了第47条金牌令，开启了中小学减负元年，但这么多年过去了，仍然高举减负旗帜。我们的孩子快乐吗？

项目组通过大数据调查发现，"心理压力"在中小学生中普遍存在。本次调研报告将告诉大家：中小学生心理压力情况如何？中小学生在忧虑些什么？哪些因素会使中小学生产生压力？

一、中小学学生压力现状

(一) 学生压力的概念及测量

基于相关理论及文献研究基础，结合中小学生成长情况，本调查将学生压力从四个方面进行概括：同伴关系压力、学业表现压力、师生关系压力以及体质相貌压力（图 2-1）。

图 2-1 学生压力的四个维度

本次调查根据学生压力的四个维度，参考有关成熟量表进行整合设计，使用李克特五段计分的题项对每个维度进行测量，如表 2-1 所示，各个题项的得分越高，表示学生的压力越大。

表2-1 学生压力测量量表

维　　度	题项（李克特五分量表）
学业表现压力	我担心自己学习成绩不够好
	我感觉自己承受不了学习压力
	我担心我的潜能在学校发挥不出来
	我担心我的学习方法不够好
同伴关系压力	我担心好朋友突然不理我
	我担心受到同学欺负
	我担心别人在背后议论我
	我担心在班级不受欢迎
师生关系压力	我担心受到教师批评
	我担心教师不喜欢我
	我担心教师教不好我
体质相貌压力	我担心自己身体不够健康
	我担心自己不够漂亮或不够帅

（二）中小学生样本群体特征

本次调查采用分层整群抽样，中小学生的调查问卷样本有 7 419 份，在清理无效问卷后，得到 7 345 份有效问卷，有效率达 99%。样本分布情况如表 2-2 所示。

表2-2 中小学生样本分布情况

	类 别	百分比
性别	男	52.10%
	女	47.90%
年级	小学	34.20%
	初中	47.50%
	高中	18.30%
民族	汉族	96.40%
	非汉族	3.60%
户籍	城市	79.60%
	农村	20.40%
学校级别	省重点	9.40%
	市重点	31.50%
	县重点	20.50%
	普通学校	32.40%
	未分级学校	6.20%

参加本次调查的学生以居住在湖北省会及地级市的城市学生为主，农村学生占比较少。汉族学生较多，男女性别分布较为均匀，小学和初中人数较多，高中人数相对较少。本次调查涉及各类学校，其中，市级、县级重点及普通学校占比较高，省级与未分级学校占比较少。

（三）学生压力的总体描述

图 2-2 显示的是学生压力的整体状况，整体均值为 33.55，标准差为 11.45，偏度为 0.379，峰度为 -0.165。根据量表分数理论中值为 39 来计算分析，有 66% 的中小学生在理论中值以下，即该部分学生整体上压力水平处于中下水平，可以说压力水平较低。但不容忽视的是，仍然有 34% 的中小学生处于中值及以上水平，其中压力值非常高的学生占 5.6%。

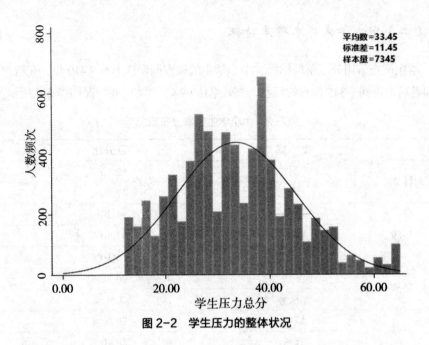

图 2-2　学生压力的整体状况

（四）学生的主要压力源

图 2-3 显示的是学生压力各方面的均值得分情况。我们从图 2-3 中可以看出，中小学生压力程度排名前三的是学业成绩（均值为 3.44）、担心教师批评（均值为 3.18）、担心学习方法不够好（均值为 3.04）。从数据反映上看，中小学生最有压力的还是学业问题，这与以往的研究结果一致。援引经济合作与发展组织网站 2017 年 4 月 19 日消息，根据《PISA 2015（第三卷）：学生身心健康》（*PISA 2015 Results*（*Volume III*）：*Students' Well-Being*）报告显示，平均有 59% 的学生表示他们经常担心考试难度大，66% 的学生表示会受到成绩不佳所带来的心理压力的影响。[①]

虽然国家不断出台"减负"政策，各地方文件更是在在校时间、减少作业量、取消考试、不准排名、不准补课等方面做了严格规定，行政力量已经介入到最大，但学生仍然对学业感到压力。这说明单纯依靠政策来有效降低学生负担并不现实，整个社会的传统教育观念没有改变，我们的家长、我们的教师、我们的社会对孩子的学习成绩特别关注，孩子自己也特别关注，所以他们对学

---

① 邵钰 .PISA 2015：学业焦虑和欺凌现象在青少年中普遍存在 [J]. 世界教育信息 ,2017,30（12）:73.

习、考试等相关的活动存在一定的紧张压力。

　　反观成为 2018 年中小学校爆点问题的校园霸凌事件，经常出现在媒体头条的教师职业道德及素质问题、学生爱美整容问题都不是学生压力的主要来源。根据项目调查的大数据显示，学生压力程度最低的三项分别是担心教师教不好（均值为 1.97）、担心相貌（均值为 2.13）、担心同学欺负（均值为 2.22）。也就是说，相对于成绩压力，学生普遍对教师素质能力、自身相貌以及校园欺凌持较为放心的态度。可见，媒体报道的恶性校园事件只是小概率事件，也并没有普遍造成学生的心理压力。

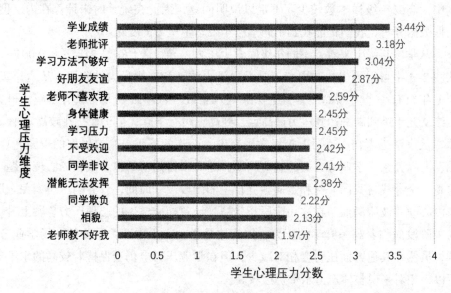

图 2-3　学生压力问题程度排名

　　总体上来讲，学生整体压力水平处于中等偏下，情况尚可，但部分压力较高的学生仍值得警惕和关注。同时，我们也要对压力保持正确的认知。研究人员发现，压力程度往往是影响表现的关键。早在 1908 年，哈佛大学心理学家罗伯特·耶基斯（Robert Yerkes）和约翰·多德森（John Dodson）就提出了"耶基斯—多德森定律"，认为保持一定的"警醒度"可以提升表现。适当的压力会帮助学生集中注意力，提升学习效率，而过度的压力会影响到个人身心健康，使其表现失常。因此，需要在安然过关与紧张到崩溃之间建立一个微妙的压力平衡点，只要压力度没有超出这个平衡点，学生就能在压力的刺激下获得成功。

二、学习状况与学生压力

（一）年级与学生压力

本次调查回收的样本涵盖了四年级到高三的各个年级，其中四年级占比 14.1%，五年级占比 9.5%，六年级占比 10.6%，七年级占比 27.2%，八年级占比 13.1%，九年级占比 7.2%，高一年级占比 14.5%，高三年级占比 3.8%。在年级样本中，高二年级样本数较少，不足以说明问题，因此在统计时未计算在内。但根据数据分析，我们仍能找到不同学段年级学生压力的变化趋势。

从学段年级上来看，不同年级间学生压力差异显著（$F=71.218, p < 0.001$）。从图 2-4 中可以看出，初中三年是学生压力波动和振幅最大的阶段，从六年级到七年级有一个大幅的上升，七年级到八年级、八年级到九年级有小幅攀升，最终从九年级到高一达到压力最高点，到高三略有下降，但仍保持在较高水平。

从小学进入初中，对七年级学生来说，面临的不仅是来自外部的校园新环境、人际关系、学业等方面的适应问题，还有来自内部的自身成长的心理问题。这是一个寻找自我同一性和走向独立自主的阶段。一时间，外界的"纷繁芜杂"与内心的"波涛汹涌"在这一阶段相碰撞，导致初中学生的心理压力急剧上升。高中阶段面临着高考升学的压力，因为这是学生人生中至关重要的一场学业考试，虽然在其他方面压力会相对减少，但在学业压力上仍会保持着较高的水平，所以，相对来说整体压力水平仍然较高。

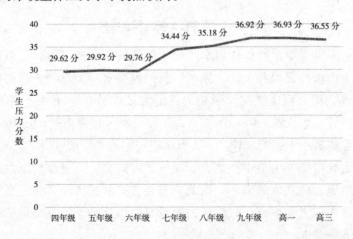

图 2-4　年级与学生压力

（二）性别与学生压力

在回收的样本数据中，男生占比 52.1%，女生占比 47.9%。图 2-5 显示，男生压力值为 32.72，女生压力值为 34.45，独立样本 T 检验显示，学生压力在性别上存在显著差异（t=-6.493，$p < 0.0001$），女生压力水平显著高于男生。这一结论可能是由两性差异造成的，如男生、女生在自我概念、自我期望、成败归因等方式上的不同，都会导致对压力的认知不同。女性所特有的细腻、羞涩、依赖等心理特质也会影响其对压力的感知，从而使女生感受到的心理压力程度远高于男生。

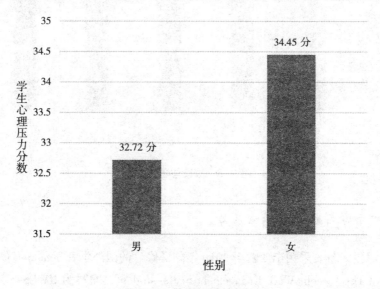

图 2-5　性别与学生压力

（三）成绩与学生压力

在本次调查中，学生自我报告学习成绩的班级排位，其中成绩处于"上游"的占比为 13.4%，处于"中下游"的占比为 32.7%，处于"中游"的占比为 31.3%，处于"中下游"的占比为 15.6%，处于"下游"的占比为 7%。

图 2-6 显示，学生的学业成绩与压力程度呈显著负相关（r=0.206，$p < 0.001$），即学习成绩越好压力程度越低，学习成绩越差压力程度越高。这一结果，结合图 2-3 中的学生压力程度排名告诉我们，成绩差的学生并非没有压力，也并非对成绩听之任之。相反，他们的内心对学业成绩更为焦虑，焦虑于找不到好的学习方法，焦虑于成绩不好受到教师批评。这从侧面反映

了在中小学生心中，学业是最为重要的任务和压力源，学业压力是学生压力的主要方面。

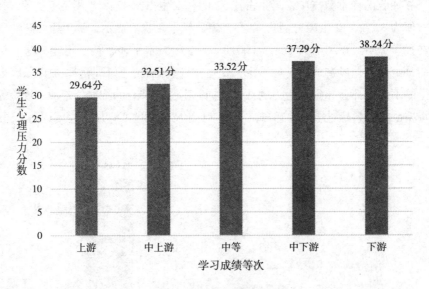

图 2-6　成绩与学生压力

（四）学习投入与学生压力

学习投入量表采用李西营于 2010 年翻译修订的国外学者 Schaufeli 的学习投入量表（The Utrecht Work Engagement Scale-student，缩写为 UWES-S），修订后的量表分三个维度：动机、精力与专注。量表共 17 个题项，采用 Likert 7 点计分法，从 1 到 7 分别代表：从来没有、几乎没有过、很少、有时、经常、十分频繁、总是。计分方式按照所选数字进行累加计分，得分越高表示学习投入越多。

图 2-7 显示的是学生学习投入量表总分的整体分布情况，样本均值为84.26，标准差为 19.05，偏度为 0.011，峰度为 -0.22。根据量表题项分值的理论中值 68 来计算，有 78.8% 的中小学生学习投入总分在理论中值以上，这说明大多数学生的整体学习投入较多，大部分学生学习非常努力。

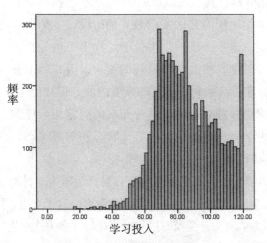

图 2-7　学习投入整体状况

　　从图 2-8 的散点图中可以看出，学习投入与学生压力呈负相关，对两者进行相关分析检验后，学习投入总分与学生压力呈显著的负相关（$r=-0.298, p < 0.001$）。学生压力与学习投入的各个维度同样呈显著负相关：学生压力与学习动机相关系数为 -0.266（$p < 0.001$），与学习精力相关系数为 -0.309（$p < 0.001$），与学习专注相关系数为 -0.274（$p < 0.001$）。从数据结果来看，学生学习投入越多，感受到的压力感越低。因此，想要降低学生压力，可以促进学生对学习的有效投入，让学生能感受到学习上的进步。数据结果也从侧面反映了目前导致学生压力的主要方面还是学业。

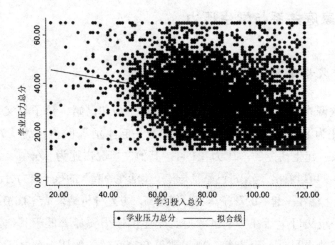

图 2-8　学习投入与学生压力散点图

综合以上数据分析，我们可以形成以下结论及建议。

第一，初中是学生压力起伏波动最大的阶段，也是学业问题与个人成长问题集中爆发的时期。这一阶段的学生处于心理上"内外交困"的境地。如果学生能顺利渡过这一时期，将会获得自我的统一，内心的宁静，也将会为升入高中阶段做好充足的准备，顺利进入新的发展阶段。但初中生一般心理尚不成熟、不够自立，不能识别并独立解决自身所面临的问题和心理困境，这就需要教师及家长多关注初中学生，了解他们的心理状态和学习状态，适时给予合理的教育和指导，帮助他们走出学业困境与心理迷途。

第二，在中小学生中，女生较男生更容易产生压力。针对这种现象，学校和教师需要根据男女生的差异特点，给予差别化教育。对于女生，适量少加压，对于已经表现出较大压力的女生，要及时进行适当疏导，多关注女生的压力状态。

第三，学生的学习状态对压力有着直接的影响。学业成绩是学生压力的主要因素，加大学习投入可减少学生压力。国家推行的"减负"政策实际上是减少学生的学习投入，引导学生将精力投入到综合素质能力发展上，但为什么行政力量用到最大化，却成效甚微？数据结论告诉我们，减少学习投入并不能减少学生压力，反而会增加学生压力。学生为了减少这种压力，达到内心平衡，忌于学校不准补课、减少作业量等规定，他们会寻求校外培训机构，这也是为什么校外学业培训机构一片"繁花似锦"的原因。在第三章中我们会有详细的数据分析当前学生校外培训情况。因此，在中小学教育中，可能只有真正达到"去成绩化"才能真正"减负"。

三、家庭关系与学生压力

（一）父母婚姻与学生压力

在本次调查样本中，学生父母的婚姻状态为"已婚，孩子与父母生活在一起"的占比为86.6%，"单亲，孩子与父亲一起生活"的占比为3.7%，"单亲，孩子与母亲一起生活"的占比为4.1%，"其他"情况占比为5.6%。

从图2-9可以看出，"父母已婚且与孩子生活在一起"的孩子压力分值最低，"单亲，与父亲生活在一起"的孩子压力分值最高。方差分析结果（$F=4.670$，$p < 0.003$）显示，孩子跟父母生活在一起的家庭，学生的压力要显著低于其他家庭婚姻模式。这也反映出另外一个事实：离异或单亲家庭孩子的压力要高于父母婚姻完

整家庭孩子的压力。以往很多研究同样证实了这一点，丁彦华在《父母婚姻质量与儿童心理发展的关系》中提到，低婚姻质量家庭幼儿其压力水平显著高于高婚姻质量家庭。[①] 王素然、严鹤杰使用艾森克人格问卷（EPQ）对性格基本定型的大学生进行测试，发现父母婚姻关系影响到子女的神经质倾向、情绪稳定性和压力程度，父母婚姻关系越融洽，子女情绪越稳定，越不易产生压力。[②] 父母婚姻质量一方面会渗透到他们自身的情绪和言行中，通过无意识的言传身教影响子女的情绪和行为模式；另一方面还会通过对自身身心状态的作用来影响对子女的教养方式和家教质量，最终影响到子女的身心发展。

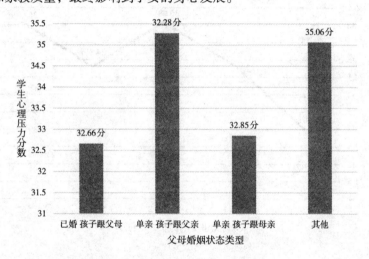

图 2-9　父母婚姻状况与学生压力

（二）父母陪伴与学生压力

在本次调查样本中，通过问题"你曾经（包括现在）和父母分离最长时间是多久？"询问了父母陪伴情况，分离时间在"6个月及以下"的占绝大多数（占比75.3%），分离时间为"7个月到12个月"的占比15.8%，分离时间在"13个月到24个月（2年）"的占比3.5%，分离时间在"25个月到36个月（3年）"的占比1.9%，分离时间在"3年以上"的占比3.5%。

---

① 丁彦华.父母婚姻质量与儿童心理发展的关系 [J].中小学心理健康教育,2014（22）：4-6,10.

② 王素然,严贺杰.父母婚姻关系与大学生子女人格相关研究 [J].唐山师范学院学报,2010,32（4）：120-121.

从图 2-10 的趋势图中我们可以看出，总体上与父母分离时间越长，孩子的压力分值越高，有父母陪伴的孩子压力分值明显较低。方差分析结果（F=13.64，$p < 0.001$）显示，与父母分离时间的不同导致学生压力存在显著差异，与父母分离时间在 13 至 24 个月阶段的学生，压力分值要显著高于其他时间段。长期在父母陪伴下成长的孩子能获得强大的社会支持，具有较强的安全感，能更好地与人建立亲密关系，减少孤独感，从而形成稳定、积极的心态，在遭遇挫折时，能够更勇敢更从容地面对他人、面对人生、面对世界。

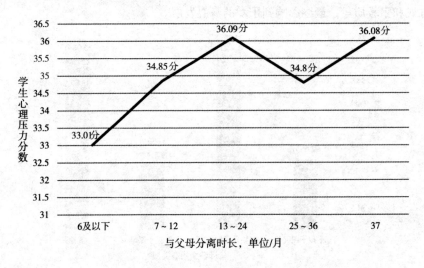

图 2-10　与父母分离时间对学生压力的影响

（三）子女数量与学生压力

问卷中针对家庭子女数进行了调查，独生子女家庭子女数占比 41.7%，二孩家庭占比 37.6%，3 个孩子的家庭占比 17.7%，4 个及 4 个以上孩子的家庭较少，仅占 3.0%。

从图 2-11 中我们可以看出，家庭子女数量与学生压力呈正相关，即家庭孩子数量越多，孩子的压力值越高。方差分析结果（F=7.548，$P < 0.001$）显示，子女数量的不同使孩子压力存在显著差异。随着国家实行"全面二孩"政策，二胎家庭甚至一些三孩家庭数量增多，突然增加的家庭子女数量不仅造成家庭经济紧张，还会从内部给家庭成员关系造成压力。孩子谁带的问题，成人之间教育观念冲突问题，孩子之间的教育矛盾问题等，这些都会造成家庭关系紧张，

从而间接影响到孩子的心理状态。同时，在孩子较多的家庭里，孩子会感受到父母对自己的关爱被分摊，独立性要求增加，这势必会导致孩子因心理适应困难而产生更多的压力感。

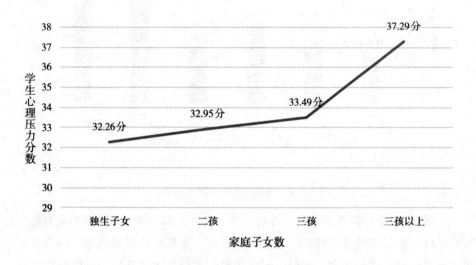

图 2-11 家庭子女数与学生压力

（四）隔代教育与学生压力

在本次调查中，通过问题"平时你主要跟谁一起住？（多选）"以及"平时主要是谁辅导你的作业？"收集数据来呈现当前家庭中的隔代教育现状。在调查样本中，孩子主要跟爷爷奶奶或者外公外婆住的人数达 3056 人，占比 41.6%。在主要由谁来辅导作业的问题上，大部分学生是由母亲来辅导作业（占比约52%），约 20% 的学生每天主要由父亲来辅导作业，而由祖辈（爷爷奶奶或外公外婆）来辅导作业的学生也占到 10% 左右。

从图 2-12 主要抚养人与学生压力的趋势图中可以发现，由爷爷奶奶或外公外婆抚养的学生的压力感明显要高于由父母抚养的学生（单亲的情况除外）。

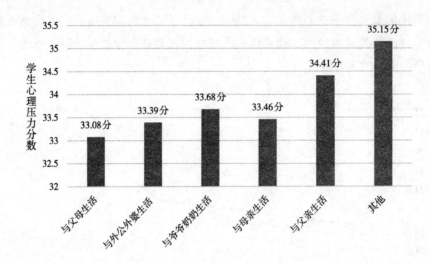

图 2-12　主要抚养人与学生压力

在图 2-13 中可以看到，由爷爷奶奶或外公外婆辅导作业的学生的压力值也明显要高于由父亲或母亲辅导作业的孩子。这一数据分析结果表明，隔代教养在中小学生中占据相当大一部分，同时相当一部分学生的高压力感问题也与隔代教育有关系。

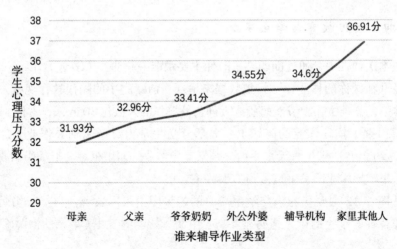

图 2-13　作业辅导与学生压力

根据以上数据，我们不难得出以下结论：

第一，父母的婚姻状态会影响孩子的压力状态。父母婚姻完整的家庭，孩子的压力值要低于单亲家庭。婚姻关系是家庭系统的核心和关键要素，父母婚姻状态会通过各种直接和间接的途径影响到长期生活于其中的儿童。父母婚姻质量较差，父亲或者母亲在婚姻关系中的负面情绪和消极行为，会在潜移默化中迁移到与孩子的互动过程中，从而间接破坏亲子关系，导致孩子产生压力、抑郁、社交退缩等问题。因此，我们需要提醒父母，给孩子再多的财富、再多的教育投资，都不如用心关注和维护自己的婚姻状况，给孩子营造一个良好的家庭环境，以促进孩子身心健康的成长。

第二，父母与孩子分离时间越长，孩子感受到的压力越大。长时间与父母分离也必然会导致另外一个问题：隔代教养问题。越是隔代教养的孩子，其压力感越高。这些长期与父母分离，主要由爷爷奶奶或者外公外婆抚养的孩子，就是我们常说的"留守儿童"。2018年度《中国留守儿童心灵状况白皮书》指出，67.8%的留守儿童有"学习成绩明显退步"的经历，明显高于非留守儿童。在情绪方面，父母都不在身边的留守儿童更善于将真我一面掩藏，留守儿童在各种情绪评估指标中均得分最低。北京"上学路上公益促进中心组织"进行的调查还显示，父母都去打工对留守儿童的伤害最大，父母都外出打工的留守儿童，无论是与父母相见次数，还是接到父母电话次数都远远低于父母单独一方外出的儿童。针对这一问题，2016年度《中国留守儿童心灵状况白皮书》指明了出路，打工父母跟孩子见面和联系次数存在"临界点"，即每年见面4次，每月联系4次，达不到这个次数，孩子的心理状态比不见面、不联系的情况还差。这在心理学上被称为"撩拨效应"。如果完全没有联系，孩子不会再指望从父母那里得到支持和帮助，遇到问题会去寻求其他人。反之，如果联系密切，孩子会指望得到父母支持。此外，当每年见面次数超过9次，每天都有联系时，孩子的心理状态基本能够达到正常孩子的水平。对留守儿童的研究告诉我们，针对留守儿童最好的教育是陪伴，如果要外出打工，父母双方最好留一方在家抚养孩子，最好是母亲。如果迫不得已双方都要外出打工，至少要保持每年见面4次，每月联系4次的频数，做得更好的是每年见面次数超过9次，每天都有联系。

第三，家庭子女数量越多，孩子的压力越大。在多子女家庭中，父母需要注意平衡家庭与事业的关系，也要注意平衡家庭成员的关系以及多个孩子间的关系。这对于多子女父母来说是一个巨大的挑战，父母往往也会产生压力情绪。作为父母，尽量不要将这种压力情绪传递给孩子，同时在平衡多孩关系上，要保持公正公平，多观察孩子，多了解孩子的需要，给予孩子内心需要的爱。一个内心充满爱的孩子，即使遇到了较大的挫折，也会积极乐观地去面对，拥有一个更健康、更幸福的人生。

四、父母背景特征与学生压力

（一）父母经济能力与学生压力

本次调查问卷通过"过去一年中家庭总收入"来了解家庭收入状况。统计分析发现，36.2%的家庭年收入在5万以下，"5万至10万"年收入的家庭占比44.2%，"11万至20万"年收入的家庭占比16.1%，"21万至50万"年收入的家庭占比2.7%，"50万以上"年收入的家庭占0.8%。

图2-14是家庭经济收入与学生压力分析趋势图，两者显示无明显线性关系，但从中我们可以发现，年收入5万元以下家庭的学生压力较大，年收入5万~10万元、11万~20万元的中等收入家庭的学生压力较小，年收入21万~50万元的较高收入中产阶级家庭的学生压力又急剧上升，年收入50万元以上的高收入家庭的学生压力值随之下降。

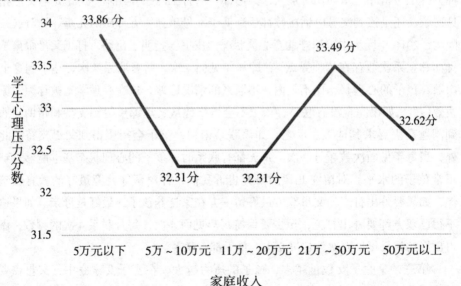

图2-14　家庭收入与学生压力

年收入5万元以下家庭的学生压力更直接反映的可能是来自生存的压力，间接体现到教育压力上来；而年收入21万~50万元的中产阶级压力则来源于对教育资源的争夺。中国社会科学院发布的2017年《社会蓝皮书》以收入为主要指标，测算中等收入家庭人口占全国家庭总人口的比例是37.4%，他们愿意付出更高的价格购买更好的教育产品，甚至不惜投入自己的时间和精力为孩子创造多样化、个性化的选择，但中产阶级家庭教育需求丰富化与狭窄的教育理念和体系、固化的政策与管理以及匮乏的市场供给一再碰撞，中产阶级对优质教育的需求和期望难以得到满足，中产阶级家长因此表现出很大压力，这种压力情绪潜移默化地传递到孩子身上，这一现象在后文表 2-7 中家长教育压力与学生压力相关分析中会有更加直观的体现。

有趣的是，图 2-15 中学生感知的家庭条件与压力趋势图明显地呈负相关趋势（$r=-0.141$，$p < 0.001$），即家庭条件越好，学生的压力值越低；反之，家庭条件越差，学生的压力值越高。这可能与感知到家庭经济条件好的学生的安全感和自信心相对而言更高有关系。

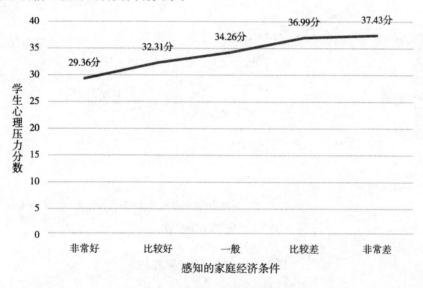

图 2-15　学生感知的家庭条件与学生压力

（二）父母学历水平与学生压力

在父母学历问卷题项设置中，学历类型分为未上过学、小学、初中、高中 / 中专 / 技校 / 职高、大专、本科、硕士、博士等八个级别。在调查样本中，孩子父亲文化程度为"未上过学"的占比 0.15%，小学程度的占比 5.6%，初中学历的占比 41%，高中 / 中专 / 技校 / 职高学历的占比 34.7%，大专学历的占比 10.5%，大学本科学历的占比 7.2%，硕士学历的占比 0.5%，博士学历的占比 0.2%。母亲学历调查中，在母亲文化程度为"未上过学"的占比 0.5%，小学程度的占比 9.1%，初中学历的占比 43.8%，高中 / 中专 / 技校 / 职高学历的占比 31.5%，大专学历的占比 8.9%，大学本科学历的占比 5.8%，硕士学历的占比 0.2%，博士学历的占比 0.18%。由于未上过学、硕士、博士三个类别选取人数较少，随后的统计中没有纳入分析。

从图 2-16 可以看出，总体趋势上，父亲学历与孩子压力值呈负相关，父亲学历越高，孩子压力值越低，但大学本科学历父亲相对大专学历父亲，孩子压力值有所提升。

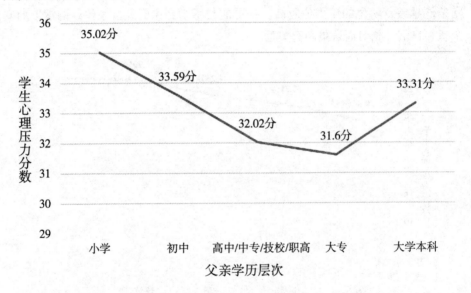

图 2-16　父亲学历与学生压力

从图 2-17 中可以发现，母亲学历与孩子压力值呈明显的负相关，即母亲学历越高，孩子的压力值越低。图 2-16 与图 2-17 共同说明，父母学历与学生压力呈现负相关趋势。造成这种关系的原因可能是，学历越高的父母能更加理性地看待子女的教育问题，会以更加开放化的态度，通过多种渠道去解决孩子的教育问题，而不是把压力转嫁到孩子身上。

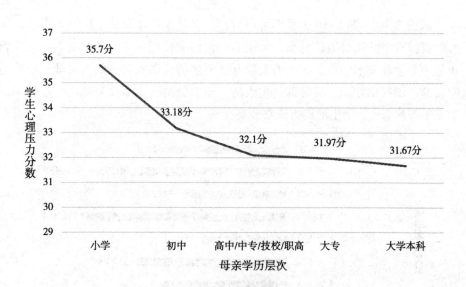

图 2-17　母亲学历与学生压力

（三）父母职业类型与学生压力

根据通行的职业分类标准，本次调查将职业类型分为专业技术人员（如工程师、医生）、党政机关及企事业单位负责人、文职人员、工人、商业和服务业工作人员、大学教师、中小学教师、新闻及文艺工作者、个体劳动者、军人、无工作、其他共 12 类。

在孩子父亲职业调查样本中，"专业技术人员（如工程师、医生）"占比 9.3%，"党政机关及企事业单位负责人"占比 4.2%，"工人"占比 21.2%，"个体劳动者"占比 30%，"商业和服务业人员"占比 10.7%，"文职人员"占比 1.7%，"中小学教师"2.1%，"大学教师"占比 0.3%，"新闻及文艺工作者"占比 0.1%，"军人"占比 0.5%，"无工作"占比 2.4%，其他占比 17.5%。在母亲职业类型调查样本中，"专业技术人员（如工程师、医生）"占比 3.7%，"党政机关及企事业单位负责人"占比 1.6%，"工人"占比 15.3%，"个体劳动者"占比 22.2%，"商业和服务业人员"占比 15.4%，"文职人员"占比 5.3%，"中小学教师"3.1%，"大学教师"占比 0.2%，"新闻及文艺工作者"占比 0.2%，"军人"占比 0.03%，"无工作"占比 15.3%，其他 17.67%。在数据中，军人、大学教师、新闻及文艺工作者人数较少，随后的统计中没纳入分析。

从图 2-18 与图 2-19 中我们可以看出，父母亲职业对孩子压力的影响，虽然两者没有呈现出显著的特征，但是我们仍然能发现一些有趣的现象。父亲职业是中小学教师的学生，其压力值较其他职业的学生要高一些，而母亲是中小学教师的情况则相反。父母都是工人的，压力值稍高。不管是父亲还是母亲处于无工作状态中，学生的压力值都较高一些。

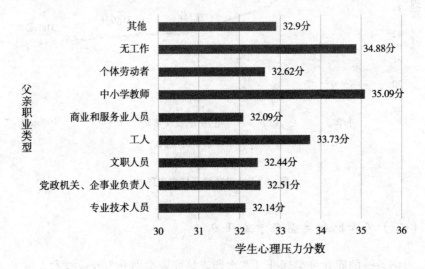

图 2-18　父亲职业与学生压力

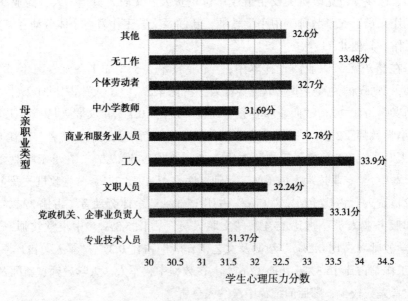

图 2-19　母亲职业与学生压力

综上所述，父母的能力背景与学生压力有一定的关联性，这种关联是主要通过亲子沟通及教养方式起作用。一般来讲，父母教育程度越高，对子女的教育要求相应也更高，对子女在教育方面的指导作用也更有效，会在一定程度上降低孩子的压力值。根据 2017 年国内最大的中小学在线教育平台"一起作业"调研显示，全国超过 89% 的家长在教育孩子的过程中都会吼叫，而且吼叫也与学历有很大关系。在经常吼叫孩子的家长中，高中以下学历的家长占比最高，达到 27%，其次是高中和大专学历的家长，均为 23%。而在从来不会吼叫的家长中，博士家长占比最高，达到 44%，其次是硕士和本科家长，分别是 17% 和 11%。可见，学历越高的家长在教育孩子的过程中，越注重沟通方式。叶月婵的研究指出，家庭社会经济地位对亲子沟通有直接的显著影响，家庭社会经济地位越高，亲子沟通越好，小学生学业成绩越优异。[①] 家庭社会经济地位高的家长，相对家庭社会经济地位低的家长，更注重在家庭生活中与子女的沟通交流，通过与子女交谈，了解他们在校的学习生活情况，及时发现孩子在生活和学习上的问题，这对减少学生压力无疑是很重要的。

（四）父母教养方式与学生压力

教育观念是父母教育素质的前提，对家庭教育目标、方向以及孩子的教育行为起着一定的制约和指导作用。有什么样的教育观念就有什么样的教育方式，有什么样的教育方式就会产生什么样的教育行为。这种传导会使父母的教育观念最终影响到孩子的学习状态和心理状态。

1967 年，美国心理学家 Baumrind 在家庭系统理论和生态学基础上首次提出家庭教养方式（Parenting Style）的概念，她指出，家庭教养方式应包含两个方面的内容：一是父母对儿童所作要求的数量、形式、种类或类型；二是父母对儿童行为的回应或反馈。父母教养方式这一概念引入我国后，国内不同学者对其进行了不同的定义，其中运用最为广泛的是张文新的观点。张文新认为父母教养方式是"父母在教育、抚养子女的日常生活中表现出的一种相对稳定的行为模式和行为倾向，是其教育观念和教育行为的综合体现"。[②] 本调查项目对教养方式的测量采用的是蒋奖等于 2010 年修订的《简式父母教养方式问卷（s-EMBU-C）》量表，该量表为自陈式量表，由子女评价父母的教养方式。问

---

① 叶月婵.家长参与对小学生学业成就的影响研究 [D].兰州：西北师范大学,2010.

② 张文新.城乡青少年父母教育方式的比较研究 [J].心理发展与教育,1997,13（3）：46-51.

卷共包括42个题项，其中父亲版和母亲版各21题，均包含3个维度：拒绝、情感温暖和过度保护。该问卷采用4点计分，具有良好的信度和效度。

从表2-3父亲教养方式与学生压力的相关分析中可以看出，父亲态度拒绝与学生压力成呈显著正相关，即父亲教养方式表现越拒绝，孩子压力值越高；父亲情感温暖与学生压力呈显著负相关，即父亲教养方式表现情感越温暖，孩子的压力值越低；父亲过度保护与学生压力呈显著正相关，也即父亲教养方式表现越过度保护，孩子的压力值越高。

表2-3　父亲教养方式与学生压力相关分析

	父亲拒绝	父亲情感温暖	父亲过度保护
学生压力总分	0.196**	−0.221**	0.169**

注：** 表示在 0.01 水平上存在相关。

从表2-4母亲教养方式与学生压力的相关分析中可以看出，母亲态度拒绝与学生压力呈显著正相关，即母亲教养方式表现越拒绝，孩子压力值越高；母亲情感温暖与学生压力呈显著负相关，即母亲教养方式表现情感越温暖，孩子的压力值越低；母亲过度保护与学生压力呈显著正相关，即母亲教养方式表现越过度保护，孩子的压力值越高。

表2-4　母亲教养方式与学生压力相关分析

	母亲拒绝	母亲情感温暖	母亲过度保护
学生压力总分	0.207**	−0.206**	0.203**

注：** 表示在 0.01 水平上存在相关。

（五）父母教育期待与学生压力

本次调查中，通过家长填写问题"如果各科满分都是100分，您希望孩子本学期的平均成绩能达到多少分？"收集数据来反映家长对孩子成绩的期待；通过家长回答"孩子的学习成绩总体而言在班上居于什么水平？"获得数据来反映家长对孩子成绩的认知；在学生问卷中，请学生回答"你的成绩在班上属于什么水平？"来反映学生的实际成绩水平。

在回收的调查样本中，约58%的家长希望孩子的平均成绩能达到90分以上，约32%的家长希望孩子能达到80～90分之间，约6%的家长希望能达到 70 ～ 80 分之间，不到 2% 的家长希望能达到 60 ～ 70 分之间，极少数（约 1% 左右）的家长对孩子成绩抱无所谓的态度。在家长对孩子成绩的认知方面，约 14.4% 的家长选择上游，32.8% 的家长选择中上游，31.9% 的家长选择中游，14.8% 的家长选择中下游，6.1% 的家长选择下游。学生自己对成绩认知上，约 13.4% 的学生选择成绩属于上游，32.6% 的学生选择中上游，32.1% 的学生选择中游，16.1% 的学生选择中下游，5.8% 的学生选择下游。

从表 2-5 中可以看出家长对孩子成绩的认知与学生实际成绩高度一致（$t=1.524$，$p > 0.05$），均值差异不显著。这说明家长对孩子实际成绩的了解和认知比较真实可信，能够客观认识到孩子的成绩水平。

表2-5　父母对孩子成绩的认知与孩子实际成绩对比

	$M \pm D$	t
家长认知成绩	2.65 ± 1.08	1.524
学生实际成绩	2.64 ± 1.04	

但在表 2-6 中我们却发现父母期待成绩与孩子实际成绩存在显著差距（$t=66.189**$，$p < 0.01$），从均值我们可以看出父母期待分数等级远远高于孩子的实际成绩等级。这说明父母对孩子的教育期待较高，超出了孩子的实际学业表现。

表2-6　父母期待成绩与孩子实际成绩对比

	$M \pm D$	t
学生实际成绩	2.64 ± 1.04	66.189**
家长期待成绩	1.49 ± 0.74	

注：** 表示在 0.01 水平上存在差异。

从图 2-20 中我们可以看出，父母期待成绩与学生压力呈一定程度上的负相关趋势，父母不抱期望或者期望值越低，学生压力感越高。关于父母期望分数等级需要结合学生实际成绩进行分析，学生实际成绩均值为 2.64，家长期待成绩均值为 1.49，约高出一个等级分数的距离。比如，孩子的分数区间是 60 ～ 70 分，家长期望孩子考到 71 ～ 80 分，孩子成绩属于中下游状况，家长期望孩子能进入中游排名状态。家长这种教育期待虽然说高出学生实际成绩范畴，但也属于合理期望范围。父母期望与学生压力呈负相关趋势，这一结论需要结合成绩与学生压力呈负相关趋势进行解释，两者具有一定关联性。父母的期望分数是建立在孩子实际分数之上的，孩子分数较低，父母期待的成绩表现自然也较低。

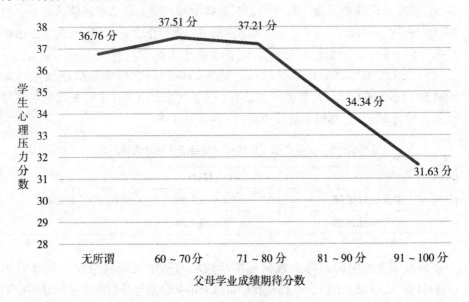

图2-20　父母教育期待与学生压力

（六）家长教育压力与学生压力

基于相关理论研究，家长教育压力主要来自孩子学习成绩压力、孩子身体状况压力、孩子安全状况压力、孩子心理状况压力、孩子未来前途压力、孩子师资状况压力等六个方面。根据量表分析，得分越高表示家长教育压力越大。

表2-7的相关分析显示，家长教育压力与学生压力呈显著正相关（$r=0.301$，$p < 0.001$），家长教育压力六个维度与学生压力分别呈显著的正相关，与家长学习成绩压力显著正相关（$r=0.203$，$p < 0.001$），与身体状况压力显著正相关（$r=0.259$，$p < 0.001$），与安全状况压力显著正相关（$r=0.212$，$p < 0.001$），与心理状态压力显著正相关（$r=0.258$，$p < 0.001$），与未来前途压力显著正相关（$r=0.216$，$p < 0.001$），与师资状况压力显著正相关（$r=0.196$，$p < 0.001$）。

表2-7　家长教育压力与学生压力相关分析

	家长压力总分	学习成绩	身体状况	安全状况	心理状态	未来前途	师资状况
学生压力	0.301**	0.203**	0.259**	0.212**	0.258**	0.216**	0.196**

注：** 表示在 0.01 水平上存在相关。

综上所述，父母的教养方式与学生的压力显著相关，父母"拒绝"型教养拒绝与学生压力呈正相关，父母"情感温暖"型教养方式与学生压力呈负相关，父母"过度保护"型教养方式与学生压力呈正相关。家庭教养方式不仅对孩子的心理状态、人格发展、学业成就等影响很大，还伴随孩子的一生。约翰斯·霍普金斯大学通过对 790 个孩子长达 25 年的追踪研究发现，拥有高学历、高收入的父母，在培养孩子时，会投入更多的时间和精力，家长除了关心孩子的学业发展、心理成长，更注重与孩子的交流，培养孩子的综合素质。而那些学历低、收入低、压力大的父母，没有耐心和精力顾及孩子的学习。久而久之，孩子的学习成绩、认知能力、心理素质等各方面就会渐渐与其他孩子拉开差距。表面上，孩子的成长反映了父母在金钱和学历上的比拼，实质上对孩子影响巨大的其实是父母教养孩子的方式。因此，无论是为了减少孩子的压力，还是为了孩子长远的发展，家长都应在教育孩子过程中投入更多的时间和精力，给予孩子更多的耐心和温暖，减少冷漠、拒绝和溺爱。

合理的教育期望，可以激发孩子的潜能。著名的罗森塔尔实验告诉我们，一个人会因为别人对他的一些期待或预言，从而产生相同的自信，最终达成期待。也就是说，我们对孩子说一些期望的话，能够给孩子一些积极的影响，更能激发孩子的潜能。但是这种期待需要在合理的范围内，如果父母对孩子缺乏了解和理解，只是一味地高期待，超过了孩子的承受范围，就会给孩子造成紧张和压力，使孩子因无法达到期望而产生过多的失败体验，严重挫伤孩子的自尊心和自信心，造成自卑心理，久而久之就会产生退缩和回避型人格倾向。

家长教育压力与学生压力呈显著正相关，家长压力越大，孩子压力值越高。2018 年，智课教育联合新浪教育发布的《中国家长教育焦虑指数调查报告》指出，中国家长教育焦虑指数为 67 点，整体处于比较焦虑状态。经济学中著名的"循环累积因果理论"在教育中体现得也较为明显。进入大学的高考选拔竞争中，重点中学显然具有明显竞争优势。重点中学倾向于录取重点小学的学生，想要进入重点小学，又需进入好的幼儿园，上幼儿园前需要上早教做准备，这就是家长压力的"不能输的起跑线"。"学区房""出国热""补习班"都是家长教育压力的出口。然而作为学习接受者的主体——孩子，他们能不受干扰吗？事实上，未能幸免。数据结果显示，家长的教育压力与学生压力显著正相关，家长的压力情绪和行为会影响到孩子的心理状态和学习行为。作为家长，虽无力改变教育政策，但可以改变对待教育的态度和行为。家长应始终将孩子视为教育主体，多倾听孩子的声音，尊重他们的兴趣和选择，至少做到不要将压力向下传递，以积极平和的态度与孩子沟通交流，帮助他们在学习的过程中积聚正能量。

五、学校教育与学生压力

（一）学校地域与学生压力

本次调查中，有6.4%的学生来自省会级城市的中小学校，73.2%的学生来自市县城市的中小学校，13.7%的学生来自乡镇中小学校，6.7%的学生来自农村中小学校。

从图2-21可以看出，省会城市学校学生的压力感要低于市县城市学校的学生，市县城市学生的压力值要低于乡镇学校学生，乡镇学校学生的压力值要低于农村学校学生。换句话说，农村学校学生压力值是最高的。方差分析结果（$F=10.373$，$p < 0.001$）显示，不同学校所在地学生压力程度具有统计显著的差异。这一结论需要从多个方面来理解，一方面，越是农村地区的学生，其家庭经济条件相对越差，父母学历也越低，同时农村地区的学生父母较多出去打工，因此这些地区的孩子多为留守儿童。农村地区学生父母投入的时间、精力及教育资源与城市父母相比差距也较大，前文有分析，这些因素都会导致学生压力水平增加。另一方面，城市学生相比农村地区学生而言，教育资源的选择性多，缓解压力的途径也较多，如加大学习投入力度、增加父母陪伴的时间等。

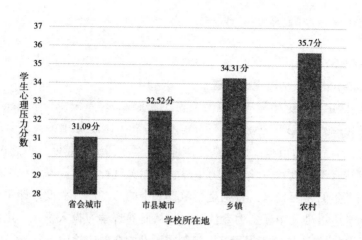

图2-21　学校所在地与学生压力

（二）学校声誉与学生压力

在本次调查样本中，大约有 9.4% 的学生来自省级示范学校，31.5% 的学生来自市级示范学校，20.5% 的学生来自县级示范学校，普通学校学生占比32.4%，学校未分级学生占比 6.2%。

从图 2-22 中可以看出，学校声誉与学生压力存在显著关联。省级示范学校的学生压力程度最高，而市级示范学校的学生压力程度最低，县级示范学校、普通学校、未分级学校的学生压力值处于中等水平。方差分析结果（$F=7.140$，$p < 0.001$）显示，不同层级学校之间学生的压力程度差异具有统计上的显著性。

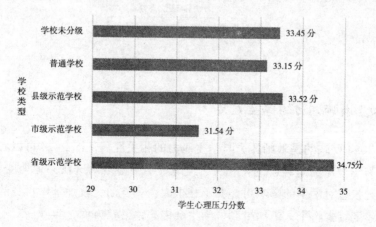

图2-22　学校是否重点学校与学生压力

（三）课堂纪律与学生压力

课堂纪律情况是根据学生报告在课堂上发生的影响纪律的事件频率来进行评估的，频率越高表示课堂纪律越差。

图 2-23 中课堂纪律与学生压力的散点图表明，课堂纪律与学生压力呈显著的负相关（$r=0.23$，$p < 0.001$）。课堂纪律与学生压力负相关，表明班级课堂纪律越差，学生压力值越高，课堂纪律越好，学生压力值越低。得到这一结论，我们可以结合学习投入与学生压力呈显著负相关进行分析，课堂纪律的好坏直接影响到学生的学习投入，特别是学习投入中的"专注"程度，课堂纪律差的班级里，学生很难集中注意力专注学习，从而导致学习投入不足，进而影响到学生的压力状况。（进一步揭示这一机制需要做中介效应检验）

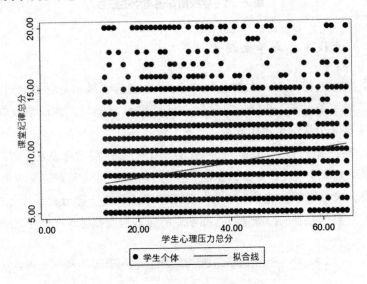

图 2-23　课堂纪律与学生压力

（四）教师压力与学生压力

图 2-24 反映的是教师压力与学生压力的相关性。从图 2-24 可以看出，教师压力与学生压力呈轻微的正相关，但统计上不显著。这在一定程度上表明，教师情绪状态对学生的影响可能并不是很大。一方面，教师基于自身的职业道德和专业度较少将个人情绪带到教学生活中来；另一方面，教师面对的是班级群体、学生的公共生活，一个人对五六十个孩子，大大分散了单个人的影响。

因此，教师压力与学生压力相关度较弱，远没有父母压力对学生压力影响来得直接和深远。

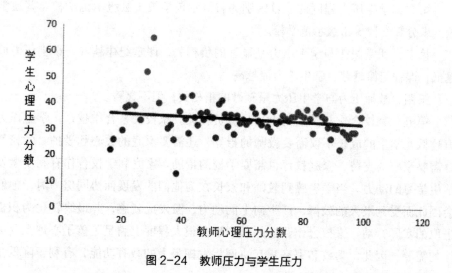

图 2-24　教师压力与学生压力

（五）家校合作与学生压力

本项目的家校合作问卷是参考了爱普斯坦的家校合作六个维度：当好家长、相互交流、在家学习、参与决策、社区协作、志愿服务，同时结合了中国学校、家庭合作的实际情景和特色，而进行的自编问卷。表 2-8 显示，家校合作与学生压力呈显著负相关（$r=-0.05$，$p < 0.05$），家校合作越好，学生压力值越低。在进一步做各个子维度的相关性检验中，家校合作的各个方面都对降低学生压力有积极影响，尤其是"当好家长、在家学习"这两个维度与学生压力呈显著负相关（$r_1=-0.081$，$p < 0.001$；$r_2=-0.062$，$p < 0.001$）。

表2-8　家校合作与学生压力的相关性

	当好家长	在家学习	相互交流	参与决策	志愿服务	家校合作总分
学生压力	-0.081*	-0.062**	-0.029	-0.022	-0.029	-0.05*

注：* 表示在 0.05 水平上存在相关；** 表示在 0.01 水平上存在相关。

综上所述，我们可以得出如下结论：

第一，学生压力程度的城乡区别为农村学校 > 乡镇学校 > 市县城市学校 > 省会城市学校。

第二，学生压力程度的学校区别为省级示范学校 > 县级示范学校、普通学校、未分级学校 > 市级示范学校。

第三，课堂纪律与学生压力呈显著的负相关，课堂纪律越好，学生压力值越低，课程纪律越差，学生压力值越高。

第四，教师压力与学生压力呈轻微的正相关，但不显著。

第五，家校合作与学生压力呈显著负相关。家校关系合作越好，学生压力值越低。学生的成长不仅需要教师的指导，还需要家庭的关心和爱护。学校教育需要家庭的支持，家庭教育也需要学校的帮助。家庭和学校合作有利于激发学生学习的动力。当学生感到教师和家长在为他们的发展而协同努力时，他们会因此而受到极大的鼓舞，产生向上的动力，激发成就感，并最终转化为积极进取的实际行动。家校合作营造的氛围也在很大程度上满足了孩子心理上受关注的需要。因此，学校和家庭相互协调将发挥最大的教育功能，有利于降低学生的压力，促进学生健康发展。

六、本章小结

本章主要围绕中小学生的教育压力开展研究，描述了学生压力的现状，分析了学生学习状态、家庭关系、父母能力背景、父母教育观念、学校教育等与学生压力之间的关系，分析结果显示：

（1）学生压力水平整体情况尚好，大部分学生压力水平较低，但仍不可忽视有部分学生压力值较高。在中小学生压力程度排名上，排名前三的是担心学业成绩、担心教师批评、担心学习方法不够好，中小学生最不担心的是教师教不好我。

（2）高中阶段的学生普遍压力水平较高，但初中阶段的学生压力水平波动起伏最大，特别是七年级阶段，需要特别关注学生心理变化。

（3）在省会城市的学生压力值要低于市县城市学生，市县城市学生压力值要低于乡镇学校学生，乡镇学校学生压力值要低于农村学校学生，即农村学校学生压力值最高。

（4）省级示范学校的学生压力值最高，而市级示范学校的学生压力值最低，县级示范学校、普通学校、未分级学校的学生压力值处于中等水平。

（5）学生的学业成绩与压力呈显著负相关趋势，学习成绩越好，压力分值越低，学习成绩越差，压力分值越高。同时，学习投入与学生压力呈负相关趋势，学生学习投入越多，压力感越低。

（6）在家庭关系上，父母已婚且与孩子生活在一起的状态，孩子的压力值最低；单亲，与父亲生活在一起的孩子压力分值最高。父母分离时间越长，孩子的压力分值越高，有父母陪伴的孩子压力分值明显较低。

（7）父母教养方式与学生压力存在显著相关，父母态度拒绝与学生压力成呈显著正相关，父母教养方式表现越拒绝，孩子压力值越高；父母情感温暖与学生压力呈显著负相关，父母教养方式表现情感越温暖，孩子的压力值越低；父母过度保护与学生压力呈显著正相关，父母教养方式表现越过度保护，孩子压力值越高。

（8）家长的教育压力与学生压力呈显著的正相关，家长压力水平越高，孩子也会越有压力。

（9）在学校教育中，课堂纪律与学生压力呈显著的负相关，班级课堂纪律越差，学生压力值越高，课堂纪律越好，学生压力越低。教师压力与学生压力呈轻微的正相关，但不显著，教师情绪状态对学生的影响并不是很大。家校合作与学生压力呈显著负相关，家校合作越好，孩子压力值越低。

从影响学生压力因素的分析中我们可以发现，学生成绩、学习投入、学生年级及学校级别、父母关系、教养方式、课堂纪律、家校合作等因素都在影响着学生的压力水平。"减少学生压力，还孩子快乐童年"并不是单一"减负"或者改变一下学校教育问题就能解决的，这是一个集国家政策、社会期望导向、家庭教育观念、学校教育资源以及学生个人学习状态等多层次因素于一体的教育难题，需要在全方位考虑的基础上，逐渐推进教育改革，真正做到"快乐学习"。

第三章　中小学家长教育压力

家庭是社会的基本细胞，是孩子的第一课堂，父母是孩子的第一任教师。家庭教育、家长参与、亲子沟通、教养方式等都关系到孩子的学业表现和终身发展，家长自身的身心状态也深刻影响着家庭教育的方方面面。家长教育压力是当前备受关注的社会问题，在很大程度上也是众多教育"乱象"（诸如学生学业负担过重、课外辅导培训泛滥等）的直接诱因。

本调查项目将家长教育压力作为主要议题之一，目的是希望基于客观数据对家长教育压力的现状做一个总体描述与了解，并借助统计方法分析家长教育压力可能存在的影响因素，探讨潜在的直接或间接原因，刻画家长教育压力及相关因素之间的内在联系和整体关联。

本次调查采用分层整群抽样，针对中小学学生家长的调查，共回收问卷6 703 份，对数据进行校验和清理后，得到 6 408 份供分析的问卷。本章具体呈现并解读家长问卷中各个概念及变量的统计结果。

一、家长教育压力

（一）概念的内涵及测量

基于相关理论及研究文献，本调查从六个方面概括家长在孩子教育方面的压力：学习成绩、身体状况、安全状况、心理状况、未来前途、师资状况，如图 3-1 所示。

图 3-1 家长教育压力的六个方面

针对家长教育压力的六个方面，参考有关量表，本调查分别使用两个李克特五分量表题项对每个方面进行测量（表 3-1），每个题项的得分越高，表示压力程度越高。

表 3-1 家长教育压力测量量表

教育压力的维度	测量题项（李克特五分量表）
学习成绩	我担心孩子考不上更好的学校
	我担心孩子跟不上班上同学或别人家的孩子
身体状况	我担心孩子身体不好
	我担心孩子身体难以承受当前的学习任务
安全状况	我担心孩子的人身安全（交通、意外等）
	我担心孩子在校期间受到他人欺侮
心理状况	我担心孩子抗压能力差
	我担心孩子人际关系不好
未来前途	我担心孩子将来找不到一份好工作
	我担心自己不能为孩子前途提供必要的支持
师资状况	我担心老师对自己孩子不好
	我担心老师不是学校里的好老师

（二）教育压力的统计描述

图 3-2 显示了家长教育压力总分的样本分布情况，其均值为 36.69，标准差为 9.48，偏度 –0.09，峰度 –0.07。家长教育压力总分非常接近正态分布。

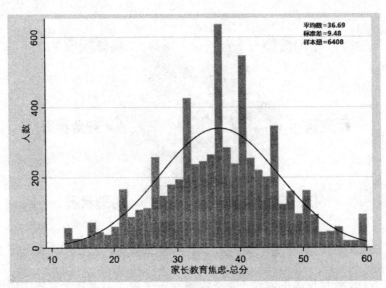

图 3-2　家长教育压力的样本分布

　　图 3-3 显示了家长教育压力六个方面的平均得分。相对而言，孩子的学习成绩给家长带来的教育压力最高（均值为 7.56），其次是孩子的未来前途（均值为 6.68）、安全状况压力（均值为 6.52）、心理状况（均值为 5.99）和身体状况（均值为 5.96）带来的家长教育压力，对家长教育压力影响最低的是师资状况。从数据可以看出，家长的教育压力水平从整体而言处于高位。

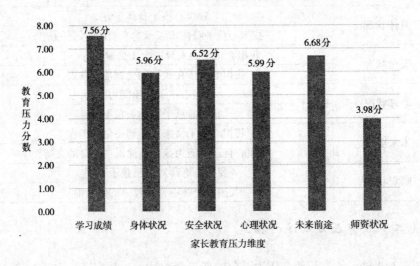

图 3-3　家长教育压力六个方面的均值

本调查得出的有关家长教育压力的结果与教育部基础教育质量监测中心开展的全国性调查的结果基本一致。教育部基础教育质量监测中心对全国 31 个省 973 个县的 57 万余名四年级和八年级学生进行了调查，2018 年发布《中国义务教育质量监测报告》。该报告显示，家长最关注孩子的学习情况、身体健康、人身安全。四年级、八年级学生认为，家长最关注自己的学习情况（79.8%、79.9%），其次是身体状况（66.6%、66.5%）和人身安全（62.2%、52.2%）。四年级学生最希望家长关注的三个方面是学习情况、身体状况和人身安全，八年级学生最希望家长关注的三个方面是兴趣爱好或特长、心理状况、身体状况。[①]

多个调查一致发现，家长最关注、最担心的还是学生的学业成绩，这说明以考试和升学为主要特征的国民教育体系深刻地影响着家长的心态。在竞争日益激烈的现代社会，"学习改变命运"的传统观念持续影响着家长，对孩子未来前途的高度担忧进一步加深了这一观念。数据显示，家长对师资状况的担心程度是最低的，这意味着家长普遍对学校教育和教师群体具有较高的信任度，这可能与我国传统"尊师、重师"观念的潜在影响是分不开的。

二、家庭背景与家长教育压力

（一）学校地域与家长教育压力

本调查项目中的学校所在地包括省会级城市、地（县）级城市、乡镇以及农村四类，在有效样本中，样本量占比分别为 7%、71.5%、15.5% 和 6%，样本主要集中在地（县）级城市。

图 3-4 显示了不同学校所在地家长教育压力的均值。从数据中可以看出，学校在省会级城市、地（县）级城市的家长教育压力水平较低（均值分别为 36.37 和 36.08），学校在农村和乡镇的家长教育压力水平显著高于省会级城市和地（县）级城市（$F=30.8$，$p<0.001$），尤其是农村学校的家长，教育压力水平最高（均值 39.45）。

---

① 教育部基础教育质量监测中心.中国义务教育质量监测报告 [EB/OL].（2018-07-25）. http://www.eachina.org.cn/shtml/4/news/201807/1749.shtml.

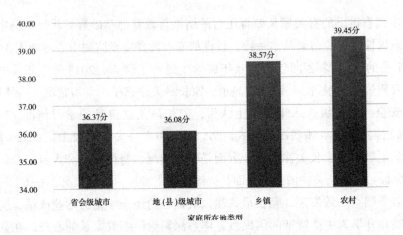

图 3-4　家庭所在地与家长教育压力

　　农村家长的教育压力往往被有意或无意地忽视，因为媒体及公众更关注城市学生家长的教育压力问题。但从优质教育资源配置角度看，农村、乡镇相对城市而言明显处于劣势，这种先天性的资源配置劣势及伴随而来的教育质量问题，事实上增加了孩子未来成才和发展前途的不确定性，因此农村、乡镇地区的家长压力更大，只不过没得到足够的关注，其实他们才是家长中承受极度压力的"沉默的大多数"。

　　不同地区的家长教育压力存在差异，究其深层原因，可能要追溯到教育资源投入和配置的区域不均衡上来。研究发现，各地区教育发展水平取决于该地区的经济水平和财政状况。省会级城市、地（县）级城市、乡镇和农村代表着不同的城市化水平和经济发展水平，最终会体现到人均教育经费投入和教育发展水平上。[①] 因此，教育发展水平越高，家长教育压力会越低。图 3-4 的结果显然支持了这一观点。

（二）子女数量与家长教育压力

　　本调查中家长问卷用"孩子有几个亲生的兄弟姐妹？"这个题项收集了家庭子女数信息，本报告对调查数据进行处理，获得"家庭子女数"这个变量及数据。从回收的样本看，独生子女家庭占 40.5%，有 2 个孩子的家庭占 37.4%，有 3 个孩子的家庭占 19.3%，有 4 个及以上孩子的家庭较少（仅占 2.8%）。

---

① 岳昌君.经济发展水平的地区差异对教育资源配置的影响 [J].教育与经济，2003(1): 35-41.

　　图 3-5 呈现了在具有不同子女数量的家庭中家长教育压力的差异。从总体上看，家庭子女数越多的家庭，其家长教育压力就越大，但在具有不同子女数的家庭中，家长教育压力的这种差异不具有统计显著性（F=1.848，p=0.136）。

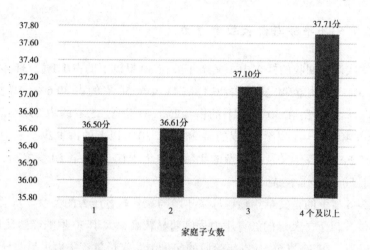

图 3-5　家庭子女数与家庭教育压力

　　本次调查没有发现家庭子女数与家长教育压力之间的显著关联，这在一定程度上也说明家庭规模对子女教育成长的影响可能是多方面的，研究文献中提到的两种理论视角可能都有其合理性。经济学家贝克尔（Becker）等人提出的"子女数量—质量权衡（quantity-quality trade-off）"理论和"资源稀释模型（resources dilution model）"都认为，家庭生育意愿是一种在既定资源约束下的权衡。家庭生育规模减小，将有效缓解父母对子女进行教育投资时所面临的资源约束，进而提高子女的平均受教育年限和受教育质量。但教育学家和心理学家持不同的理论观点，他们认为家庭规模缩小导致孩子在家庭教育中的社会化过程不完整，容易出现以自我为中心、独立性较差、合作能力欠缺等问题，对孩子的心理健康发展尤其不利。家庭子女数量对孩子成长的影响，可能不像经济学家计算的那般简单和乐观。研究发现，家庭子女规模减小，有助于提高孩子的学业成绩，但孩子的心理适应性水平也显著偏低；相对于独生子女，拥有一个同胞的孩子其学业成绩没有显著降低，但其心理适应性却显著提高。[1] 这个结论在一定程度上佐证了拥有多个子女的家庭天然具有的教育功能。

　　家长教育压力的产生来源，与其说是担心家庭的经济条件能否足以支撑子

① 郑磊，侯玉娜，刘叶. 家庭规模与儿童教育发展的关系研究 [J]. 教育研究，2014，35(4): 59-69.

女的教育，不如说是更担心子女的成长与发展。在经济发展水平和家庭收入普遍提高的大背景下，家庭拥有 2 至 3 个子女，其教育功能（同胞之间紧密的人际交往带来的社会化功能）也许是很多家长普遍看重的方面。

（三）父母年龄与家长教育压力

在本次调查回收的样本中，父亲年龄在 30 岁以下的占 1.1%，31 岁至 35 岁的占 16.5%，36 岁至 40 岁的占 40.1%，41 岁至 50 岁的占 39.6%，50 岁以上的占 2.7%；母亲年龄在 30 岁以下的占 3.2%，31 岁至 35 岁的占 29.7%，36 岁至 40 岁的占 40.8%，41 岁至 50 岁的占 25.1%，50 岁以上的占 1.2%。从总体上看，在调查样本中，孩子父亲和母亲的年龄主要集中在 30 岁至 50 岁之间，低于 30 岁和高于 50 岁的样本都很少。

图 3-6 显示的是父亲年龄、母亲年龄与家长教育压力的关系。从总体上看，年轻（30 岁以下）父母的教育压力程度明显较高，大于 50 岁的高龄父母的教育压力也偏高。在 30 岁至 50 岁年龄段的父母中，家长教育压力水平差异不大（父亲：$F=2.23$，$p=0.049$；母亲：$F=0.97$，$p=0.434$）。年轻父母可能因为子女教育经验不足、经济压力等而对孩子的教育倍感焦虑和压力，年长父母可能因为精力衰退等而对孩子的教育力不从心、忧虑较多。从这个差别中，我们能感受到养育子女所需的精力投入和经济投入是多么重要。

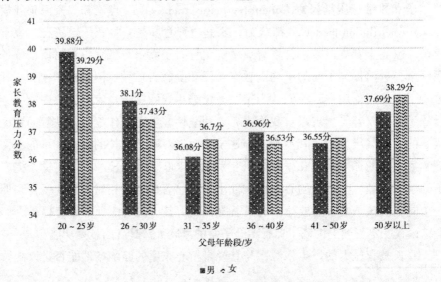

图 3-6　父母年龄与家长教育压力

（四）父母婚姻状况与家长教育压力

在本次调查的样本中，孩子父母的婚姻状况为"已婚，孩子跟父母生活在一起"的占绝大多数（86.6%），"单亲，孩子与父亲在一起生活"的占 3.7%，"单亲，孩子与母亲在一起生活"的占 4.1%，"其他"情况占 5.6%。

图 3-7 显示了不同婚姻状况下的家长教育压力。在"已婚，孩子跟父母生活在一起"的婚姻状况下家长教育压力明显较小，单亲家庭中的家长教育压力较大，尤其是在孩子跟父亲一起生活的单亲家庭中，家长教育压力明显较大。方差分析结果（$F=6.151$，$p<0.001$）显示，在孩子跟父母生活在一起的家庭中，家长教育压力感要显著低于其他家庭婚姻模式。婚姻和家庭健全所营造的安全感，不仅影响孩子的身心发展，还影响家长的生活状态和情绪心理。家长的状态和情绪会直接影响跟他朝夕相处的孩子的状态和情绪，间接塑造孩子的个性。和谐的婚姻和家庭生活对子女成长的重要性怎么强调都不过分。

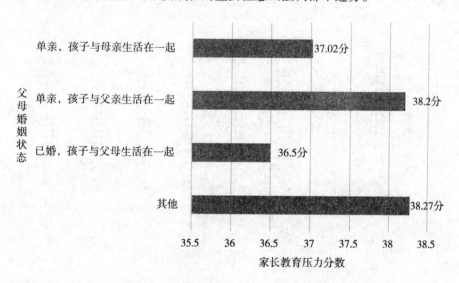

图 3-7 父母婚姻状况与家长教育压力

（五）父母文化程度与家长教育压力

在本次调查的样本中，孩子父亲的文化程度为"小学及以下"的占 6.6%，为"初中"的占 41%，为"高中/中专/技校/职高"的占 33.3%，为"大专"的占 10.7%，为"本科"的占 7.7%，为"硕士/博士"的占 0.7%；孩子母亲的文化程度为"小学及以下"的占 10.6%，为"初中"的占 44.4%，为"高中 / 中专 / 职高"的占 29.7%，为"大专"的占 9%，为"本科"的占 5.9%，我"硕士 / 博士"的占 0.4%。

图 3-8 显示了不同受教育水平下的家长教育压力。从总体趋势上看，父亲、母亲的受教育程度越高，家长教育压力水平越低。方差分析结果显示，父亲、母亲文化程度在大专以下的家庭中的家长教育压力显著高于父母文化程度在大专以上的家庭（$F=12.187$，$p<0.001$）。父母受教育程度代表的是一种文化资本，文化资本对孩子的影响是全方位的、潜移默化式的。尤其是在非认知层面，具有高文化资本的父母给予孩子的往往是一些能在未来人生中起关键作用的"软实力"，如情商、教养和眼界等。除此之外，文化资本往往与社会资本、经济资本存在很强的正向关联，而社会资本、经济资本也是影响子女教育的重要因素。因此，相对学历较低的父母，学历较高的父母对子女的教育成功和未来发展有更强的自信心和把控能力，感受到的压力也相对更小。

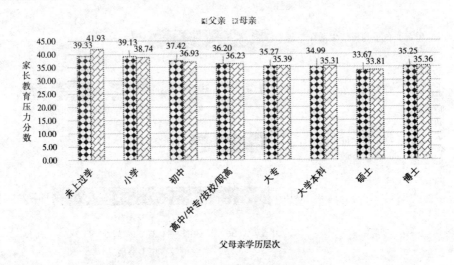

图 3-8　父母文化程度与家长教育压力

（六）父母职业类型与家长教育压力

在本次调查的样本中，孩子父亲的职业为"专业技术人员（如工程师、医生）"的占 9.3%，为"党政机关、企事业单位负责人"的占 4.2%，为"工人"的占 21.2%，为"个体劳动者"的占 30%，为"商业和服务型人员"的占

10.7%，为"文职人员"的占1.7%，为"大学及中小学教师"的占2.5%，为"无工作"的占3%，为"新闻、文艺工作者"的占0.1%，为"军人"的占0.5%，为"其他"的占16.8%；孩子母亲的职业为"专业技术人员（如工程师、医生）"的占3.7%，为"党政机关、企事业单位负责人"的占1.6%，为"工人"的占15.3%，"个体劳动者"的占22.2%，为"商业和服务型人员"的占15.4%，为"文职人员"的占5.3%，为"大学及中小学教师"占3%，为"无工作"的占15.3%，为"新闻、文艺工作者"的占0.1%，为"其他"的占18.1%。

图3-9显示了不同职业下的家长的教育压力水平。在孩子父亲和母亲的职业均为"工人"或"无工作"的家庭中家长教育压力水平较高。方差分析的结果显示，不同的父亲职业和不同的母亲职业都在教育压力上存在显著差异（父亲：$F=6.284$，$p<0.001$；母亲：$F=7.936$，$p<0.001$）。进一步分析发现，拥有社会文化资本较高的职业的家长（包括医生、工程师等专业技术人员，党政机关或企事业单位负责人，大学教师，中小学教师，新闻或文艺工作者，军人）相比拥有社会文化资本较低的职业的家长（包括文职人员、工人、商业和服务工作人员、个体劳动者、无工作和其他），其感受到的教育压力感明显更低。职业通常是衡量社会经济地位的重要指标，社会经济资本决定着父母在子女教育和社会阶层流动中可支配资源和可选择空间的多寡，社会经济地位较高的家长相对而言无疑是占有优势的，因此他们的教育压力较小也就不难理解了。

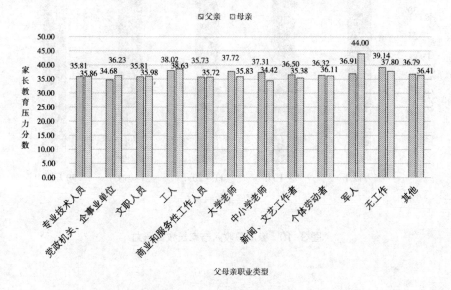

图3-9　父母职业与家长教育压力

（七）家庭收入水平与家长教育压力

在本次调查的样本中，过去一年家庭总收入在"5万以下"的占36.2%，"5万至10万"的占44.2%，"11万至20万"的占16.1%，"21万至50万"的占2.7%，"50万以上"的占0.8%。多数家庭过去一年的总收入未超过10万，这与北京大学的调查结果比较接近。由北京大学中国社会科学调查中心2016年实施的中国家庭追踪调查（CFPS）2016年数据显示，13 641个样本所代表的中国家庭总收入（过去12个月）平均为60 550元。

图3-10显示了在不同家庭总收入情况下的家长教育压力水平，从整体趋势上看，家庭总收入越少，家长教育压力程度越高。方差分析结果（$F=26.094$，$p<0.001$）显示，不同收入家庭在教育压力感上表现出的这种差异具有统计上的显著性。家庭收入代表的是家庭经济资本，子女教育是个花钱的事情，优质教育资源获得更是与家庭对子女的经济投入分不开的。在提高孩子未来竞争力的"持久战斗"中，经济实力较弱的家庭感受到的子女教育压力会更大，很大一部分压力可能是因为家庭经济收入较低，在孩子教育投入上力不从心。

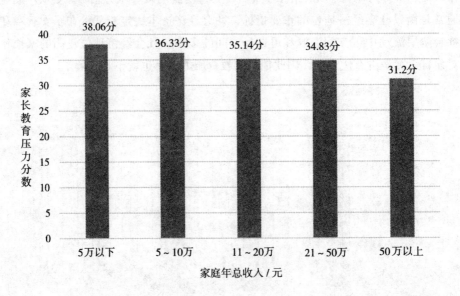

图3-10　家庭总收入与家长教育压力

三、学校及学生与家长教育压力

（一）所在学校类型与家长教育压力

在本次调查的样本中，孩子所在学校为"省级示范学校"的占9.7%，为"市级示范学校"的占31.4%，为"县级示范学校"的占20.8%，为"普通学校"的占32.2%，为"其他未分级"的占5.9%。

图3-11显示的是孩子不同学校类型的情况下的家长教育压力水平。可以看出，孩子在省、市级示范学校，家长教育压力水平相对较低，孩子在普通学校，家长教育压力水平是最高的。方差分析结果（$F=17.84$，$p<0.001$）显示，孩子在不同层次学校中，家长教育压力表现出的这种差异具有统计上的显著性。一般来讲，相对于普通学校，示范学校拥有更加优质的教育资源和教学条件，教育质量和水平也相对更高，从而为学生的学业成功提供了更好的保障。学校教育质量与学生的学业表现和未来发展有很大关系，其会间接影响到家长教育压力程度。

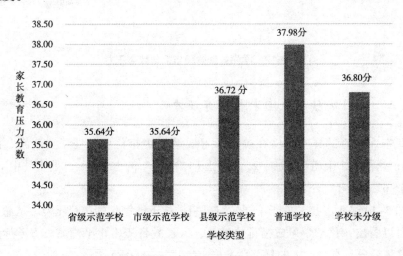

图3-11　所在学校类型与家长教育压力

（二）学生就读学段与家长教育压力

在本次调查的样本中，孩子当前就读"小学"阶段的占41%，就读"初中"的占41.9%，"高中"的占17.1%。图3-12显示了不同阶段学生家长教育压力。从图中可以看出，孩子就读初中阶段的家长教育压力为38.03，孩子就读小学阶段的家长教育压力最低（35.58）。方差检验显示的这种差异具有统计上的显著性（$F=48.296$，$p<0.001$），初中学生家长的教育压力感显著高于小学和高中阶段的学生家长。

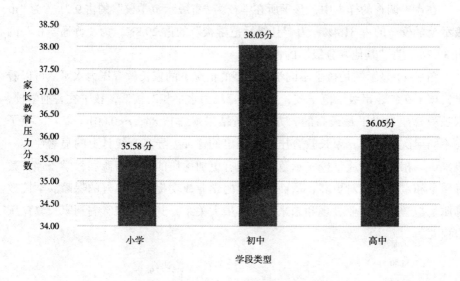

图3-12　学生就读阶段与家长教育压力

（三）学习成绩等级与家长教育压力

在本次调查的样本中，在孩子学习成绩班级排位中，处于"上游"的占13.4%，处于"中上游"的占32.7%，处于"中游"的占31.3%，处于"中下游"的占15.6%，处于"下游"的占7%。

图3-13显示了孩子处于不同学习成绩排位下的家长的教育压力。从总体趋势上可以看出，孩子学习成绩排位越低，家长教育压力水平越高。方差检验显示的这种差异具有统计上的显著性（$F=80.57$，$p<0.001$）。

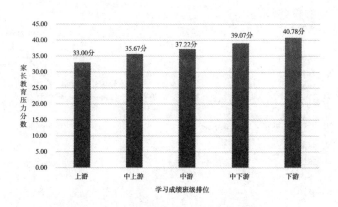

图 3-13　学习成绩班级排位与家长教育压力

四、课外辅导与家长教育压力

（一）学科培训情况与家长教育压力

在本次调查的样本中，约 38% 的家长报告说没让孩子参加学科课程辅导班，50% 以上的家长给孩子报了 1 至 3 个不等的学科课程辅导班，少部分家长给孩子报了 4 个以上的学科课程辅导班。

2018 年，教育部发布了《中国义务教育质量监测报告》，该报告由教育部基础教育质量监测中心负责，对全国 31 个省 973 个县的 57 万余名四年级和八年级学生进行了调查。报告显示，相当比例的学生参加了语文、数学校外辅导班。四年级学生参加语文、数学校外辅导班的比例分别为 43.8%、37.4%，八年级学生参加的比例分别为 23.4%、17.1%。四年级、八年级每周语文、数学校外辅导班时间在两小时以上的比例为 50% 左右。[①] 学生的家庭作业时间、是否参加校外学业类辅导班和学习压力感受是衡量学生课业负担的重要指标。过高的学习压力对学生学习兴趣、自信心甚至学业表现均有不利影响。

学生的学科课程类校外辅导培训与家长教育压力不无关系。图 3-14 显示了学生参加课外学科课程辅导班情况与家长教育压力的关系。从图 3-14 中不难看出，学生参加学科课程辅导班越多，家长教育压力水平越高。皮尔逊相关性检验显示，这种正向关系具有统计上的显著性（$r=0.025$，$p<0.05$）。

① 教育部基础教育质量监测中心 . 中国义务教育质量监测报告 [EB/OL]. (2018-07-25). http://www.eachina.org.cn/shtml/4/news/201807/1749.shtml.

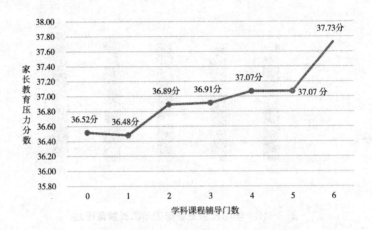

图 3-14　学科课程辅导与家长教育压力

（二）竞赛培训情况与家长教育压力

在本次调查的样本中，约 70% 的家长报告说没让孩子参加竞赛辅导班，20% 以上的家长给孩子报了 1 至 3 个不等的竞赛辅导班，少部分家长给孩子报了 4 个以上的竞赛辅导班。

图 3-15 显示了学生参加竞赛辅导班情况与家长教育压力的关系。从整体趋势上可以看出，学生参加竞赛辅导班越多，家长教育压力水平越高。皮尔逊相关性检验显示这种正向关系具有统计上的显著性（$r=0.025$，$p<0.05$）。

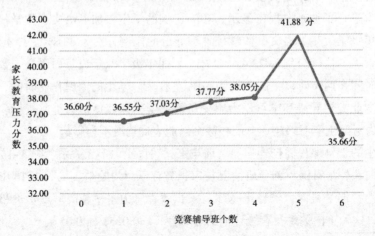

图 3-15　竞赛辅导与家长教育压力

（三）素质培训情况与家长教育压力

在本次调查的样本中，约60%的家长报告说没让孩子参加任何素质特长培训班，35%以上的家长给孩子报了1至3个不等的素质特长培训班，少部分家长给孩子报了4个以上的素质特长培训班。

图3-16显示了学生参加素质特长培训班情况与家长教育压力的关系。从整体趋势上可以看出，学生参加素质特长培训班越多，家长教育压力水平越低。皮尔逊相关性检验显示这种负向关系在统计上不具有显著性（$r=-0.023$，$p=0.063$）。尽管如此，负向关系也告诉我们一些信息，重视孩子素质特长培养的家长可能对孩子的学业和前途更加"胸有成竹"，压力没那么大。相反的影响可能也是存在的，越是对孩子的学业和成长没有那么大压力的家长，一般会更愿意在发展孩子的素质特长方面投入更多的金钱和精力。

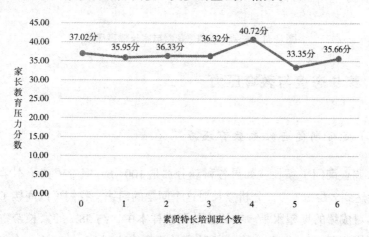

图3-16 素质特长培训与家长教育压力

（四）课外培训支出与家长教育压力

本调查询问了家长"过去一年，孩子上课外辅导培训班的总花费"，在回收的样本中，约70%的家长上一年度花在孩子课外辅导培训上的开支在"5 000元及以下"，约20%的家长花费了"5 000～10 000元"，约8%的家长花费了"10 000～20 000元"，少量家长在这方面的开支达到20 000元以上。

图3-17显示了学生课外辅导培训总花费与家长教育压力的关系。从图3-17中可以看出，年度总花费在10 000～20 000元的，家长教育压力感相对较低，

总花费低于 10 000 元和高于 20 000 元的，家长教育压力感相对较高。方差检验显示这种差异不具有统计上的显著性。

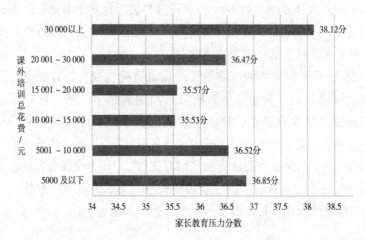

图 3-17　课外培训总花费与家长教育压力

五、家长态度与教育压力

（一）成绩期望与家长教育压力

本次调查询问了家长"如果各科满分都是 100 分，您希望孩子本学期的平均成绩能达到多少分？"，分析家长对这个问题的回答，我们可以间接了解家长对孩子学习成绩的期望水平。在回收的调查样本中，约 58% 的家长希望孩子的平均成绩能达到 90 分以上，约 32% 的家长希望能达到 80 ~ 90 分，约 6% 的家长希望能达到 70 ~ 80 分，不到 2% 的家长希望能达到 60 ~ 70 分，极少数家长（约 1%）对孩子的平均成绩抱无所谓的态度。

图 3-18 显示了家长对孩子学习成绩的期望水平与家长教育压力的关系。从图 3-18 中可以看出，对孩子平均成绩期望在 60 ~ 70 分的家长，其教育压力程度是最高的，对孩子成绩抱无所谓态度的家长的教育压力程度是最低的，对孩子平均成绩期望水平在 90 分以上的家长，其教育压力程度也较低。方差检验显示这种差异具有统计上的显著性（$F=29.35$，$p<0.001$）。对孩子的教育期望是家长内在的心理期许，无疑会影响家长的压力情绪，期许越高往往感受到的压力越大。

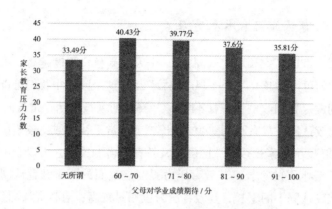

图 3-18　父母对孩子学习成绩期望与家长教育压力

（二）学历期望与家长教育压力

本次调查询问了家长"您希望孩子的文化程度是哪个类别"，在回收的调查样本中，约 35% 的家长希望孩子能获得博士学位，约 25% 的家长希望孩子能获得硕士学位，约 32% 的家长希望孩子能获得本科学士学位，约 6% 的家长希望孩子读到大专，极少数（不到 2%）的家长对孩子读大学不抱期望。

图 3-19 显示了家长对孩子最高文化程度的期望水平与家长教育压力的关系。可以看出，对孩子最高文化程度期望值较低（认为能达到小学或初中即可）的家长，其教育压力相对而言是很低的，希望孩子能获得较高学位（硕士或博士）的家长，其教育压力也相对较低。方差检验显示这种差异具有统计上的显著性（$F=11.845$，$p<0.001$）。

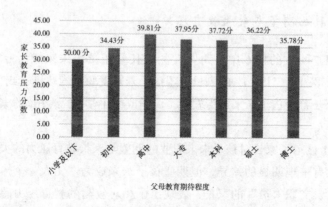

图 3-19　父母对孩子最高文化程度期望与家长教育压力

（三）教育认同与家长教育压力

本次调查询问了家长"您认同：'一个人的受教育程度越高，未来人生中取得很大成就的可能性越高'这一观念吗？"，从这个问题中我们可以看出家长对教育的认同度。在回收的调查样本中，约36%的家长表示非常认同，约40%的家长表示比较认同，只有不到9%的家长表示非常不认同或比较不认同。

图3-20显示了家长教育认同度与其教育压力的关系。可以看出，对教育认同度处于一般水平的家长，其教育压力程度是最高的；对教育认同度较高（非常认同和比较认同）的家长，其教育压力也相对较高；对教育认同程度最低（非常不认同）的家长，其教育压力感是最低的。方差检验显示这种差异不具有统计上的显著性（$F=0.312$，$p=0.87$）。

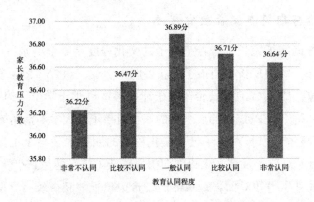

图3-20 教育认同度与家长教育压力

（四）职业期望与家长教育压力

在本调查回收的样本中，约44%的家长希望孩子未来成为专业技术人员（如工程师、医生），约15%的家长希望孩子未来就职于党政机关或企事业单位，约16%的家长希望孩子未来成为教师（大学或中小学），约6%的家长希望孩子未来成为军人。

图3-21显示了家长对孩子未来职业的期望与家长教育压力的关系。不同职业类别并没有呈现明显的差异，但期望孩子未来成为"工人、个体劳动者、商业服务人员、文职人员"的家长，表现出了相对较高的教育压力感。方差检验显示这种差异不具有统计上的显著性（$F=1.772$，$p=0.053$）。

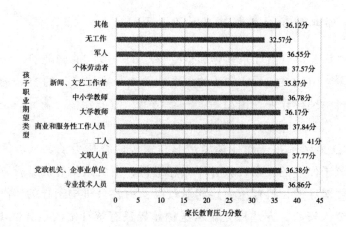

图 3-21 孩子未来职业期望与家长教育压力

（五）出国计划与家长教育压力

在本调查回收的样本中，约40%的家长想过把孩子送到国外去学习，而55%的家长没有想过。

图3-22显示了家长送孩子出国学习的意愿与家长教育压力的关系。可以看出，"没有想过"的家长的教育压力感是最高的，"想过并有计划"的家长的教育压力感是很低的。方差检验显示这种差异具有统计上的显著性（$F=6.65$，$p<0.001$）。

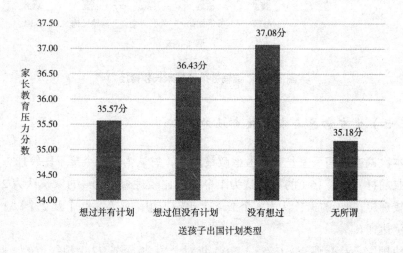

图 3-22 送孩子出国愿望与家长教育压力

（六）作业辅导与家长教育压力

在对"每天主要由谁来辅导和检查孩子的作业"的调查中，约有20%的孩子每天主要由父亲辅导，52%的孩子主要由母亲辅导，约10%的孩子被托付给辅导机构辅导作业，由祖辈（爷爷奶奶、外公外婆）辅导的也占到10%左右。

图3-23显示了孩子作业辅导情况与家长教育压力的关系。每天主要由母亲辅导孩子作业的，家长教育压力感最低；由父亲辅导的，教育压力感次之；由祖辈辅导的，教育压力感相对较高；由教育机构辅导的，没有由父母亲自辅导令人安心。方差检验显示这种差异具有统计上的显著性（$F=7.562$，$p<0.001$）。

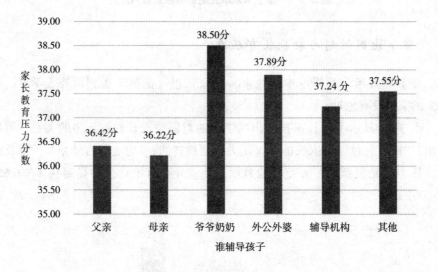

图3-23　谁辅导孩子与家长教育压力

（七）生育意愿与家长教育压力

本次调查询问了家长"不考虑政策限制，您认为有几个孩子比较理想？"，在回收的样本中，16%的家长认为1个孩子比较理想，80%的家长认为2个孩子比较理想，4%的家长认为3个或4个比较理想。愿意生2个及2个以上孩子的比例达到84%。

中国综合社会调查（CGSS）2012年对全国29个省72个地级市的7 810个

家庭的调查显示，愿意生二胎及二胎以上的家庭比例达 68.76%。[①] 在本次调查中，愿意生 2 个及以上孩子的比例相比 2012 年 CGSS 的调查有明显上升，这在很大程度上应归结于 2015 年国家全面放开二胎政策所带来的持续影响。

图 3-24 显示了理想中的子女生育意愿数与家长教育压力的关系。理想中孩子数为 1～3 个的家长，其教育压力感都相对较低。方差检验显示子女生育意愿数不同的家长在教育压力感上的差异没有统计上的显著性（$F=0.519$，$p=0.669$）。

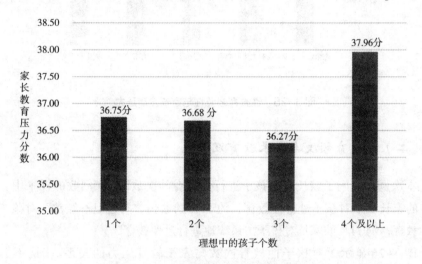

图 3-24　理想的孩子数与家长教育压力

六、性教育与教育压力

（一）性教育认同与家长教育压力

本次调查询问了家长"您认为有必要对孩子进行性教育吗？"，在回收的样本中，83% 的家长认为有必要或完全有必要对孩子进行性教育，约 3% 的家长表示无所谓，约 13% 的家长认为没有太大必要或完全没有必要对孩子进行性教育。

图 3-25 显示了性教育的必要性与家长教育压力的关系。认为性教育"无所谓"的家长的教育压力感最高。方差检验显示这种差异不具有统计上的显著性（$F=0.389$，$p=0.817$）。

① 　马良，方行明，雷震，等 . 独生子女性别会影响父母的二胎生育意愿吗？——基于中国综合社会调查（CGSS）数据的研究 [J]. 人口学刊，2016，38(6)：17-26.

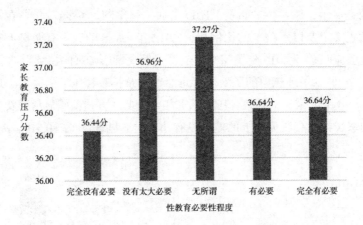

图 3-25　性教育必要性与家长教育压力

（二）性教育频次与家长教育压力

本次调查询问了家长"给孩子进行性教育的次数"，在回收的样本中，约31%的家长从不对孩子进行性教育，约57%的家长"有过但不经常"对孩子进行性教育，约11%的家长对孩子"系统地进行过性教育"。

图 3-26 显示了对孩子性教育次数与家长教育压力的关系。"从不"对孩子进行性教育的家长的教育压力感最高，对孩子进行过系统的性教育的家长的教育压力感也较高。方差检验显示这种差异不具有统计上的显著性（$F=2.196$，$p < 0.111$）。

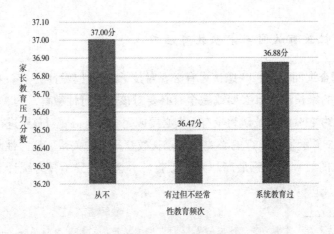

图 3-26　性教育次数与家长教育压力

（三）学校性教育与家长教育压力

本次调查询问了家长"您赞成学校对孩子进行专门的性教育吗"，在回收的样本中，约 83% 的家长表示比较赞成或非常赞成学校对孩子进行专门的性教育，约 7% 的家长表示无所谓，约 9% 的家长表示不太赞成或非常不赞成。

图 3-27 显示了家长对学校专门性教育的赞同程度与家长教育压力的关系。可以看出，非常赞成或比较赞成学校对孩子进行专门性教育的家长，其教育压力感最低，不太赞成或非常不赞成的家长，其教育压力感相对较高。方差检验显示这种差异具有统计上的显著性（$F=3.828$，$p < 0.01$）。

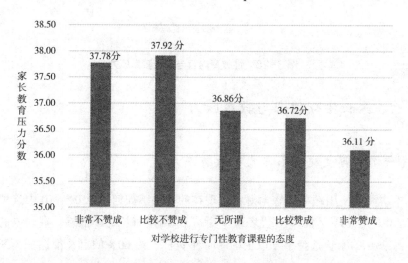

图 3-27　学校专门性教育与家长教育压力

（四）性教育内容与家长教育压力

本次调查询问了家长"您认为性教育是否应该包含对怀孕和避孕的探讨"，在回收的样本中，约 68% 的家长认为应该包含对怀孕和避孕的探讨，约 32% 的家长认为不应该。

图 3-28 显示了家长对性教育内容的看法与家长教育压力的关系。可以看出，赞同性教育应该包含怀孕和避孕知识探讨的家长，其教育压力感相对偏高。方差检验显示这种差异具有统计上的显著性（$F=6.205$，$p<0.05$）。

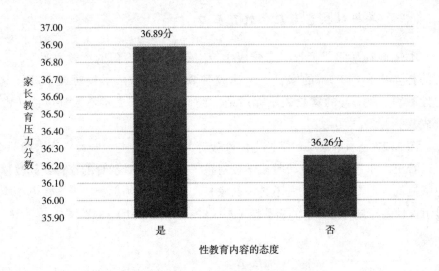

图 3-28　性教育内容与家长教育压力

七、家长生存状态与教育压力

（一）幸福主观感知与家长教育压力

本次调查使用题项"您觉得自己现在的幸福感如何（从 0～10 中选填一个数字，0 代表最不幸福，10 代表最幸福）"来衡量家长的幸福感。在回收的样本中，约 95% 的家长选择了 5 以上的幸福感量标，约 60% 的家长都选择了 8 以上的幸福感量标。

图 3-29 显示了家长幸福感与其教育压力的关系，皮尔逊相关性检验显示两者呈显著负相关（$r=-0.168$，$p<0.001$），即家长感知到的幸福感越高，其教育压力水平越低。

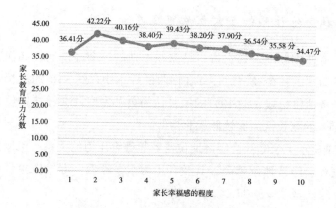

图 3-29　家长幸福感与家长教育压力

（二）人际和谐程度与家长教育压力

本次调查使用题项"您认为自己与他人相处和谐融洽方面能得几分？（从 0 ~ 10 中选填一个数字，0 代表最低，10 代表最高）"来衡量家长人际和谐水平。在回收的样本中，约 98% 的家长选择了 5 以上的人际和谐度量标，约 70% 的家长选择了 8 以上的人际和谐度量标。

图 3-30 显示了家长人际和谐度与其教育压力的关系，皮尔逊相关性检验显示两者呈显著负相关（$r=-0.143$，$p<0.001$），即家长感知到的人际和谐度越高，其教育压力水平越低。

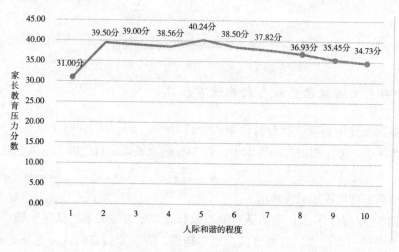

图 3-30　人际和谐与家长教育压力

（三）社会地位感知与家长教育压力

本次调查使用题项"您觉得自己家在本地的社会经济地位如何？"询问了家长自我感知到的社会经济地位。在回收的样本中，约55%的家长认为自己家庭的社会经济地位一般，约18%的家长认为自己家庭社会经济地位比较高或非常高，约25%的家长认为比较低或非常低。

图3-31显示了家庭社会经济地位与家长教育压力的关系。可以看出，家长感知到家庭社会经济地位越高，其教育压力水平越低。方差检验显示这种差异具有统计上的显著性（$F=27.24$，$p<0.001$）。

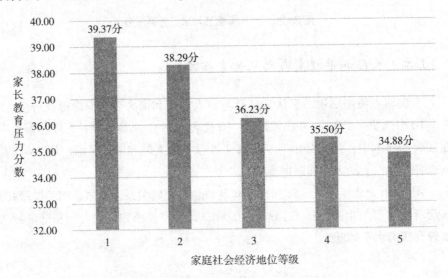

图3-31　家庭社会经济地位与家长教育压力

（四）生活满意感知与家长教育压力

本调查使用题项"您对自己生活的满意程度如何？"询问了家长自我感知到的生活满意度。在回收的样本中，约38%的家长认为自己的生活满意度一般，约53%的家长认为自己的生活满意度比较高或非常高，约8%的家长认为自己的生活满意度比较低或非常低。

图3-32显示了家长生活满意度与家长教育压力的关系。从这个趋势上看，家长生活满意度越高，其教育压力水平越低。方差检验显示这种差异具有统计上的显著性（$F=61.09$，$p<0.001$）。

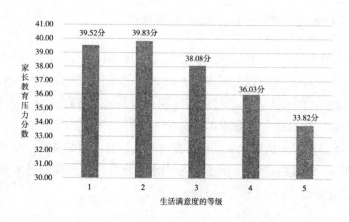

图 3-32 生活满意度与家长教育压力

（五）工作满意感知与家长教育压力

本调查使用题项"您对工作的满意程度如何？"询问了家长自我感知到的工作满意度。在回收的样本中，约 40% 的家长认为自己的工作满意度一般，约 47% 的家长认为自己的工作满意度比较高或非常高，约 13% 的家长认为自己的工作满意度比较低或非常低。

图 3-33 显示了家长工作满意度与家长教育压力的关系。从这个趋势上看，家长工作满意度越高，其教育压力水平越低。方差检验显示这种差异具有统计上的显著性（F=50.06，$p<0.001$）。

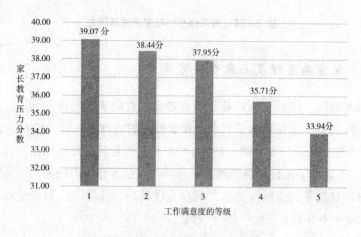

图 3-33 工作满意度与家长教育压力

（六）未来信心感知与家长教育压力

本调查使用题项"您对自己未来的信心程度如何？"询问了家长自我感知到的对未来的信心。在回收的样本中，约26%的家长认为自己对未来的信心度一般，约70%的家长认为自己对未来比较有信心或非常有信心，约4%的家长认为自己对未来比较没有信心或非常没有信心。

图3-34显示了家长对未来的信心度与家长教育压力的关系。从变化趋势上看，家长对未来的信心越高，其教育压力水平越低。方差检验显示这种差异具有统计上的显著性（$F=54.59$，$p<0.001$）。

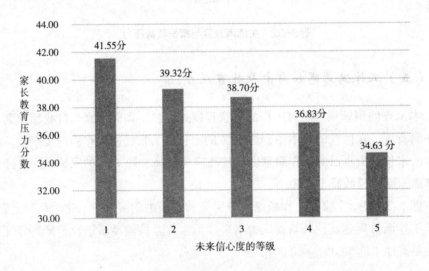

图3-34　未来信心度与家长教育压力

（七）教育满意程度与家长教育压力

本调查询问了家长"您对孩子当前接受教育的满意程度如何"。在回收的样本中，约27%的家长对孩子当前所接受教育的满意度一般，约68%的家长对教育的满意度比较高或非常高，约5%的家长对教育的满意度比较低或非常低。

图3-35显示了家长对孩子教育满意度与家长教育压力的关系。从整体趋势上看，家长对孩子当前所接受教育的满意度越高，其教育压力水平越低。方差检验显示这种差异具有统计上的显著性（$F=85.19$，$p<0.001$）。

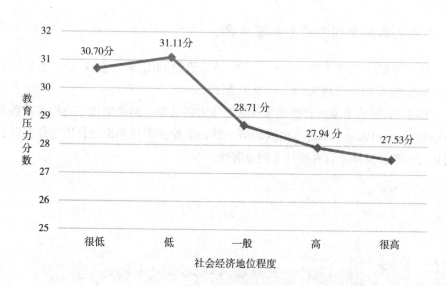

图 3-35 教育满意度与家长教育压力

八、家校合作与教育压力

（一）家校合作的概念与测量

约翰·霍普金斯大学爱普斯坦（Joyce L. Epstein）提出多重熏陶理论（也被译为交叠影响域理论）（Overlapping Spheres of Influence），认为学校、家庭和社区构成直接影响学生学习和发展的三大环境，这三大环境对学生的影响既有相互独立各自为政的方面，又有相互叠加共同作用的方面。基于该思想，爱普斯坦提出了一个由 6 种参与类型构成的家校合作实践框架：当好家长（Parenting）、相互交流（Communication）、志愿服务（Volunteering）、在家学习（Learning at home）、参与决策（Decision making）、与社区合作（Collaboration with community）。每种类型都包含许多不同的合作项目，每种类型也都有可能给学生、家长、教学实践和学校氛围带来不同的成果。[1] 本调查基于爱普斯坦的六维度家校合作测量量表，根据中国国情简化为包含 6 个维度 22 个题项的量表，使用李克特五分量表进行测度，通过让家长填答来调查家校合作状况。

---

[1] Joyce L. Epstein. 大教育：学校、家庭与社区合作体系（第三版）[M]. 曹骏骥，译. 哈尔滨：黑龙江教育出版社，2016: 4-9.

（二）家校合作与家长教育压力

在回收的全部样本中，家校合作的最大值为110，最小值为22，平均值为74，中位数为73，众数为66，标准差为17。

图3-36显示了家校合作与家长教育压力的关系。两者的皮尔逊相关系数为$r=-0.02$（$p=0.102$）。尽管从曲线趋势上看，家校合作与家长教育压力存在微弱的负向关系，但并不具有统计上的显著性。

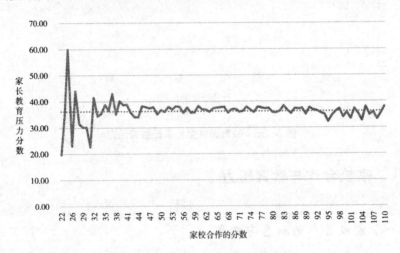

图3-36　家校合作与家长教育压力

九、本章小结

本章围绕中小学家长的教育压力程度，描述了家长教育压力的现状，分析了家庭、学生、学校及学习方面的一些因素与家长教育压力之间的关系。分析结果如下。

（1）家长的教育压力水平从整体而言处于高位。孩子的学习成绩给家长带来的教育压力是最高的，其次是孩子的未来前途、安全状况、身体状况和心理状况带来的家长教育压力，师资状况带来的家长教育压力程度是最低的。

（2）农村、乡镇家长的教育压力水平显著高于城市家长，尤其是孩子就读农村学校的家长，其教育压力程度最高。

（3）"已婚，孩子跟父母生活在一起"的家庭里，家长的教育压力程度比"单亲家庭"明显要低。"孩子跟父亲在一起生活"的单亲家庭里，家长的教育压力程度明显较高。

（4）父母的受教育程度越高，家长的教育压力水平越低。社会经济地位较高的家长相比于社会经济地位较低的家长，其感受到的教育压力程度明显更低。家庭收入水平越高，家长的教育压力程度越低。

（5）就读于省、市级示范学校的孩子的家长的教育压力水平相对较低，就读于普通学校的孩子的家长的压力水平是最高的。初中学生家长的教育压力水平显著高于小学和高中阶段的学生家长。学习成绩越好，家长的教育压力水平也越低。

（6）孩子参加学科课程、竞赛类培训班越多，家长的教育压力水平越高。

（7）对孩子成绩期望越高的家长，其教育压力程度也越高；对孩子成绩抱无所谓态度的家长，其教育压力程度最低。对孩子学历期望值较高（硕士或博士）的家长，其教育压力相对而言较低。对教育认同度处于一般水平的家长，其教育压力程度是最高的；对教育认同程度较高的家长，其教育压力程度也相对较高；对教育认同程度最低的家长，其教育压力程度也是最低的。"想过并有计划"让孩子出国学习的家长，其教育压力程度相对较低。在由母亲辅导孩子日常作业的家庭里，家长的教育压力程度最低；由父亲辅导的，家长教育压力程度次之；由祖辈或教育机构辅导的，家长教育压力程度相对较高。

（8）赞成学校对孩子进行专门性教育的家长，其教育压力程度最低。赞同性教育应该包含怀孕和避孕知识的家长，其教育压力程度相对偏高。

（9）家长感知到的幸福感越高，其教育压力水平越低；家长感知到的人际和谐度越高，其教育压力水平越低；家长感知到家庭社会经济地位越高，其教育压力水平越低；家长生活满意度越高，其教育压力水平越低；家长工作满意度越高，其教育压力水平越低；家长对未来的信心越高，其教育压力水平越低；家长对孩子所受教育的满意度越高，其教育压力水平越低。

整体而言，家庭社会经济背景、亲子关系、父母教育期望、父母生存状态、学校教育质量、孩子学业表现等方面的差异都在影响着家长的教育压力水平，在这些层面客观存在的城乡差异使家长的教育压力也存在着城乡差异。教育均衡发展的问题不仅仅表现在地区层面上，从更深层、更细微的家庭、学校和学生层面，我们都能发现教育发展的非均衡性。

第四章　中小学教师教育压力

一、教师的教育压力

（一）概念内涵、意义及测量

1. 教育压力的内涵

教育压力是当前社会的普遍现象。那么，教育压力是什么呢？教育压力是个复杂的现象，从涉及的主体来看，有教师、学生、家长；从教育的基本形式来看，有学校教育、家庭教育、社会教育。[①]

为了增强研究的系统性，本部分把教育压力限定于学校教育中。教师主体的教育压力是指教师面对日新月异的教育发展趋势和要求，其适应能力和专业水平都明显滞后而形成没有明确原因的、令人不愉快的紧张状态，从而导致心理失衡所表现出来无所适从的心理特征。教师的教育压力的主要表现是精神过于紧张、无法专心工作、无法放松自己、气色不佳、对未来的不确定感到恐惧、容易急躁等。[②] 美国克雷顿大学教授加德纳和里克对教学压力给出了比较明确的定义，他们把教师的教学压力定义为一种涉及教师在准备与执行课堂活动时经历的压力。[③]

---

① 王洪才. 教育失败、教育焦虑与教育治理 [J]. 探索与争鸣，2012，1（2）：65-70.
② 辜伟节. 试论教师的教育焦虑 [J]. 当代教育论坛（校长教育研究），2007（8）:81-83.
③ 张蔚，徐子亮. 基于扎根理论的对外汉语新手教师教学焦虑研究 [J]. 华文教学与研究，2016（2）:60-67.

2.研究教育压力的意义

教师教育压力对教学活动有着很大的影响。研究教育压力，揭示教育压力的现状，探索教育压力的影响因素，对于理解教育压力与找到缓解教育压力的措施有着积极的作用。

3.教育压力的测量

教育压力的来源是复杂而多元的，虽然教育研究者进行了大量的研究，但未能形成一个统一的测评工具。本研究结合文献梳理与现状观察，基于心理测量学编制思路，编制了一份符合心理测量学信效度指标的教育压力量表（表4-1）。

表4-1 教育压力量表

教育压力维度	题项（李克特五级量表）
教学压力	我害怕有人听我的课
	我害怕大量教学信息干扰我进行教学设计
	我害怕教学能力得不到体现
	我担心班级排名靠后
	我害怕承担太多额外的任务和责任
人际关系压力	在学校里，我担心失去同事的尊重
	我担心同事不能真正帮助我提升
	我担心不能处理好与领导关系
科研压力	我担心没有能力申报到教研或科研课题
	我害怕写科研论文
班级管理压力	我担心班上纪律不够好
	我担心班上会出现破坏班级团结的小团体
学生安全压力	我害怕班上出安全问题
	我担心学生在校内受到欺侮
家校沟通压力	我担心无法引导家长积极参与班级管理
	与家长沟通让我感到不轻松
	我担心家长不满意座位安排
自我成长压力	我担心职称评定不公正
	我担心得不到提升自我的外出学习机会
	我担心无法突破现在的工作瓶颈

该量表共 20 题。教学压力 5 题，克隆巴赫 α 系数为 0.66；人际关系压力 3 题，克隆巴赫 α 系数为 0.73；科研压力 2 题，克隆巴赫 α 系数为 0.40；班级管理压力 2 题，克隆巴赫 α 系数为 0.68；学生安全压力 2 题，克隆巴赫 α 系数为 0.76；家校沟通压力 3 题，克隆巴赫 α 系数为 0.71；自我成长压力 3 题，克隆巴赫 α 系数为 0.78。检测结果表明，该量表可以用来对教育压力变量进行测量。

（二）教师教育压力的统计描述

参与调查的中小学教师群体共有 1 175 人，删除不合格的教师样本，最后纳入分析的样本有 829 个，其中男教师 287 人（占 34.6%），女教师 542 人（占 65.4%）。图 4-1 显示了教师的教育压力总分项目均值的样本分布，其教育压力总数的平均值为 3.37（总分平均值为 67.44），标准差为 0.64（总分标准差为 12.71），偏度 –0.71，峰度 1.40。

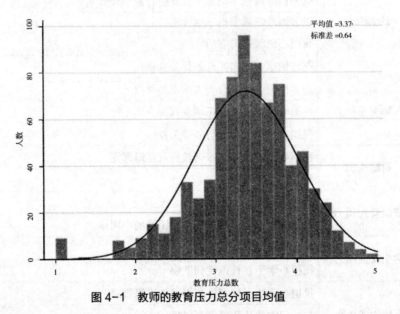

图 4-1　教师的教育压力总分项目均值

为了进一步了解教育压力各个维度的得分情况，我们分析了教师的教育压力点，如图 4-2 所示。

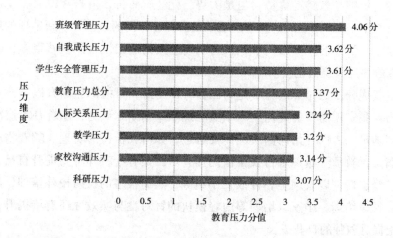

图 4-2 教师的教育压力分值

由于每个维度的题项数不同导致维度分值出现较大的差异，为了平衡因题量不同导致的维度分值差异，我们采用了维度均分进行计算，即维度均分 = 维度总分 / 该维度下题项数。每个题目为 5 级计分，因此维度均分满分为 5 分，平均分中值为 3 分。从图 4-2 中我们可以发现，教师最有压力的前三项是班级管理压力（4.06 分）、自我成长压力（3.62 分）、学生安全管理压力（3.61 分），倒数三项是教学压力（3.2 分）、家校沟通压力（3.14 分）、科研压力（3.07 分）。采用单样本 t 检验，发现教育压力总分及维度均分都高于维度平均分 3 分。这说明教师的教育压力水平较高。可能的原因是教育的过程本身属于一个复杂的过程，教学效果的取得是教师、学生和教学环境等多方合力的结果。如果用一个公式表示，即教育效果 $=F$(教师 × 学生 × 教学环境)，任何一个因素取值较低，都会带来教育效果的下降，由此产生的教育压力就会增加。有研究分析了教师教育压力比较高的社会原因，其结果包括教师的人际环境压力大、教师的制度环境缺乏人文关怀等。[1]

具体来看，班级管理压力（4.06 分）为教师的第一教育压力源，可能存在以下三个方面的原因。

（1）班级是教师工作的主战场。我们在调研中发现，很多教师都是住校的，与学生同吃同住。教师与学生过于熟悉后，彼此之间就可能会少些顾忌感，必要的规则感也会丧失。因此，对于刚参加教学实习的师范生，老教师常常会给出一些比较宝贵的建议，如教师要有适度的威严、与学生保持适度的距离等。

[1] 辜伟节 . 试论教师的教育焦虑 [J]. 当代教育论坛（校长教育研究），2007（8）:81-83.

（2）年龄与教龄是优势，也是劣势。就经验而言，俗语常说"姜还是老的辣"。这当然对于常见的班级管理活动是有促进作用的，但对于新出现的班级管理现象，如学生的"佛系"现象，老一套经验的适用性可能会差很多，因此年龄与教龄的经验价值也会下降。

自我成长压力（3.62分）是第二教育压力源，可能的原因有以下两点。一是提出自我实现需要的美国人本主义心理学家马斯洛认为，随着基本层次的需要得到满足，人们开始向高层次需要迈进，如自我价值的实现。随着物质条件得到满足，教师开始追求自我价值的提升。二是有些教师想要提升自己，参加各种进修、培训以及网上各种成长小组等，然而很多的校内校外培训、区县级培训、省级培训、国家级培训等内容模块的针对性与实效性还有待提升，难以真正地促进教师的自我成长。

学生安全管理压力（3.61分）为第三教育压力源，可能的原因在于学生安全是学校管理的红线，是各种绩效评优的重要指标。本调查结果与教育部基础教育质量监测中心开展的全国性调查的结果基本一致。2015—2017年，教育部基础教育质量监测中心对全国31个省（自治区、直辖市）和新疆生产建设兵团的973个县（市、区）的57万余名四年级和八年级学生进行了调查和测量，并于2018年发布了《中国义务教育质量监测报告》，指出家长最关注孩子的学习情况、身体健康、人身安全，因此教师能够感受到学生安全是家长最为关注的几件事情之一。

关于倒数第三项压力教学压力（3.2分），可能的原因是对于新教师而言教学内容不熟悉，只会在前几个学期内发生。倒数第二项是家校沟通压力（3.14分），虽然学校重视家校沟通，但教师仍然主导着家校沟通的内容、频率、沟通方式，家长需要做的就是配合老师监督孩子的学习。倒数第一项是科研压力（3.07分），可能的原因是中小学教师从事的是基础性教学，对科研要求不高，也没有足够的科研时间与良好的科研条件支持。

二、教师基本情况与教师教育压力

（一）性别与教师教育压力

1.性别的样本分布

由图4-3可知，所选样本中女教师有540人（占65.1%），男教师有287人

（占34.6%），未填写性别有2人（占0.2%）。女教师占大部分。

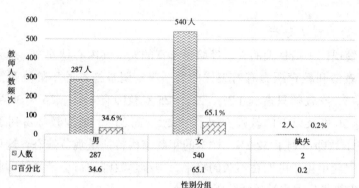

	男	女	缺失
人数	287	540	2
百分比	34.6	65.1	0.2

性别分组

图4-3 男女教师的基本情况

2.教师教育压力的性别差异比较

家校沟通压力、人际关系压力的性别差异如图4-4所示。图中采用的维度平均得分＝维度总分／维度题目数。

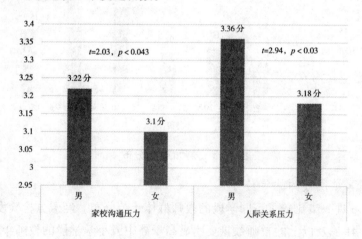

图4-4 家校沟通压力、人际关系压力的性别差异

从整体上来看，在家校沟通压力、人际关系压力两个方面，男教师的压力水平要比女教师的压力水平高。出现这种现象的原因是，家校沟通与人际关系都涉及沟通，尤其是情感沟通。有研究表明，男性更倾向于理性，女性更倾向于情感，因此在沟通，女教师更习惯于情感沟通，这种沟通能够拉近人与人之间的距离。因此，在涉及情感沟通的场合时，女教师可能拥有更好的沟通技巧，可以获得良好的沟通效果。

（二）年龄、教龄与教师教育压力

1.年龄的样本分布

研究发现，年龄越大的人、经验越丰富的人，其内心越安宁、越平和，那么年龄与教龄和教育压力有着怎样的关系呢？调查样本的年龄分布情况如图4-5所示，22岁教师只占到1.3%，23～25岁教师有4.6%，26～30岁教师有11.3%，即30岁及以下的教师占到了17.2%，而31～40岁教师占到了30.6%，41岁及以上教师占到了52.2%，样本的年龄结构特征呈现负偏态。这说明教师群体呈现中老年化，可能在不久的将来，中小学教师缺口会带来教师师资的压力，因此需要优化中小学教师队伍的年龄。

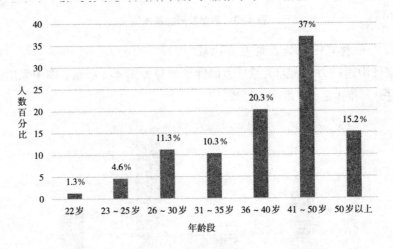

图 4-5　教师的年龄分布

2.不同学段教师的年龄分布

图4-6进一步比较了不同学段的教师群体年龄分布。经卡方检验发现，初中学段的41岁及以上的教师数量要明显高于高中或小学学段的教师年龄。注：因教龄题项存在着未做答人数，故与总数不一致。

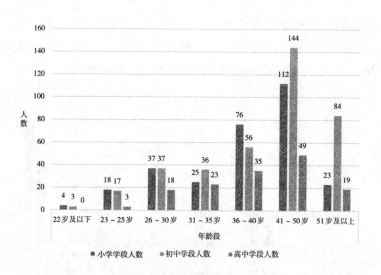

图 4-6　不同学段教师的年龄分布

3. 教龄的分布情况

从图 4-7 中发现，教龄不足 1 年的教师只占到 3.5%，2～5 年教龄的教师比例为 10.4%，6～10 年教龄的教师比例为 10.9%，10 年及以下教龄的教师只占到 24.8%，11～20 年教龄的教师占到了 27.1%，而 21 年及以上教龄的教师却占到了 48.1%。教龄结构呈负偏态，这说明从教时间较少的教师比例较低，教龄结构有待优化。

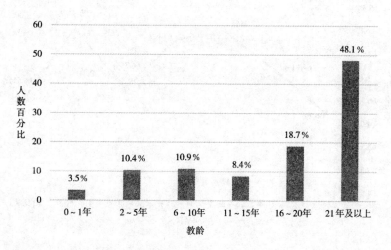

图 4-7　教师的教龄分布

4.不同学段的教龄分布情况

图4-8进一步比较了不同学段的教师群体教龄分布。经卡方检验发现，教龄在21年及以上的初中学段教师数量要明显高于高中或小学学段。

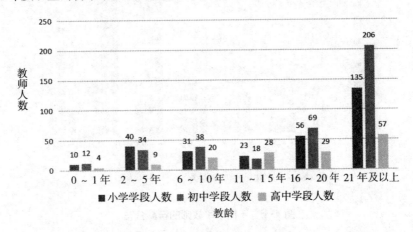

图4-8　不同学段教师的教龄分布

5.不同年龄、教龄与教育压力的差异比较

为了了解年龄与教龄是否对教育压力有影响，我们分别进行了差异比较，其结果如图4-9与图4-10所示。

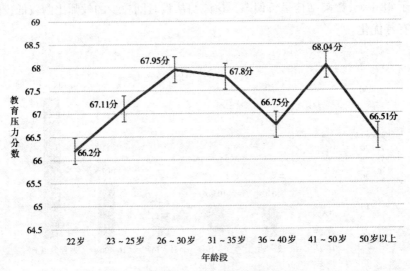

图4-9　年龄与教育压力

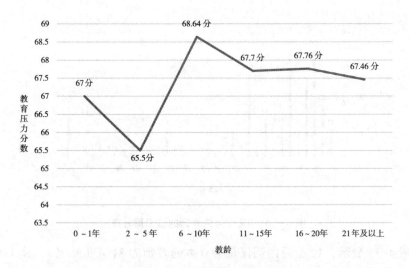

图 4-10　教龄与教育压力

　　结果发现，不同的年龄段与不同教龄段在教育压力方面差异不大，都高于平均数 60。这说明不管哪个年龄与教龄阶段的教师，其教育压力水平都较高，都值得学校领导层、教育部门关注。

　　正如美国心理学家艾里克森所说，处于不同阶段的人，其发展任务是不同的，由此产生不同的教育压力类型。对于教师而言，新教师可能面临着融入教学氛围的压力，中青年教师可能面临着如何渡过工作倦怠期、力求进一步发展的压力，老年教师可能面临着如何完善自己的教育教学知识体系、如何发挥其经验优势的压力。

（三）阅读量与教师教育压力

1. 教师 12 个月内阅读量基本情况

　　一般认为，阅读可以缓解教师压力水平。阅读疗法[①]是治疗消极情绪的有效手段。为了证明作为消极情绪的教育压力是否在本研究中也存在这样的结论，即阅读量大的教师的教育压力水平相对较低，本课题组进行了有关阅读量与教师教育压力的调查。12 个月内教师的阅读量分布如图 4-11 所示。

---

① 陈路遥 . 两岸阅读疗法新里程——《大学生情绪疗愈绘本解题书目》与《阅读疗法实证研究》评介 [J]. 高校图书馆工作，2015, 35(5): 87-89.

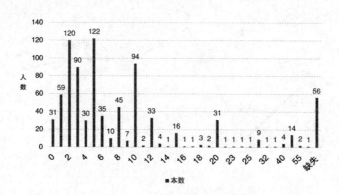

图 4-11　12 个月内教师的读书量分布

图 4-11 显示，12 个月内阅读量为 0 本的教师为 31 人（3.7%），读 1 本的教师为 59 人（7.1%），读 2 本的教师为 120 人（14.5%），读 3 本的教师为 90 人（10.9%），读 4 本的教师为 30 人（3.6%），读 5 本的教师为 122 人（14.7%），读 6 本的教师为 35 人（4.2%），读 7 本的教师为 10 人（1.2%），读 8 本的教师为 45（5.4%），读 9 本的教师为 7 人（0.8%），读 10 本的教师为 94 人（11.3%），未作答的教师有 56 人（6.8%）。整体来看，教师的书籍阅读量偏低，阅读习惯还未养成。这样一来，教师获得最新教学理念、更新自己的教学知识体系就缺少了一个信息输入的途径。

2.阅读量与教育压力的相关程度

为了了解教育压力与阅读量之间的关系，我们采用了双变量相关法，$r=-0.08$，$p=0.032$，即教育压力与阅读量呈负相关，这说明随着阅读量增加，教师教育压力水平逐渐下降。结果如图 4-12 所示。

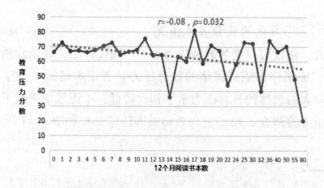

图 4-12　阅读数量与教育压力的相关性

阅读量增加，教育压力呈缓慢下降趋势，这说明在缓解教育压力程度方面，阅读的影响作用不是很大，它可能是个背景因素，是个远端因素，需要通过影响其他因素来改变教育压力水平，即通过提升阅读效率，促进其他因素改变，进而缓解教育压力。通过长期观察，进行专业阅读，如教育理论、教学原理、班级管理技巧等，可以使教师快速地掌握教育、教学与管理的相关知识，缓解教育压力程度。

（四）反思习惯与教师教育压力

教学反思[①]是指对自己教学设计、教学实施的效果与得失进行思考的习惯。本研究根据反思行为的频率分为三类，即经常性反思、偶尔反思与没有反思。

1.教学反思的基本情况

教师课后经常性反思的比例占 70.8%，偶尔反思也有 28.2%，没有反思习惯与未作答的比例占到了 1%，如图 4-13 所示。这说明教师课后的反思习惯已经形成了。

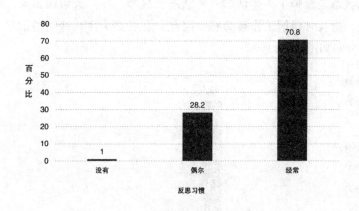

图 4-13 反思习惯的分布

2.教学反思与教育压力的关系

为了比较教学反思对教学压力、科研压力、人际关系压力、家校沟通压力、班级管理压力、自我成长压力、学生安全压力的影响，我们进行了 t 检验，由于没有反思的习惯人数太少，故把偶尔与没有合并成一项。结果发现，经常反思比偶尔与不反思的教学压力、科研压力水平低。这说明了反思对缓解教育压

① 曾拓，李运华.中学教师教学反思指向与积极性调查分析 [J].教育研究与实验,2017（6）:51-55.

力是有作用的。有研究[①] 提出中小学教师教学反思三个过程如下：①产生疑惑，敏感捕捉；②分析问题，探究解法；③实践检验。在第一个过程中，教学反思是针对教学中的问题产生的，教师应带着问题去教学，这是反思必不可少的一步。教师作为反思者在教学中要对学生的反应、自己的备课、教学中的偶然事件、课堂中的信息很敏感，通过对这些有效信息的捕捉和思考提高教学质量。在第二个过程中，教师应提出有效的解决问题的方法，若问题不能得到解答，那么始终都只是一种问题，就不能达到思考的意义。教师可以通过多种途径去探究解决问题的有效办法。简单的问题可以借助自身的教学经验和学生的帮助得到解决，复杂的问题可以作为教研项目去与其他教师进行讨论、探究。在第三个过程中，所有的教师都知道教学实践具有极强的不可预期性、不确定性与复杂性，解决问题的方案需要代入真实的教学过程去进行检验。

（五）婚姻状态与教师教育压力

1. 婚姻状态的基本情况

婚姻状态是教师个人生活的一种状态。教师工作一天后回到家，能感受到家的温暖，能及时缓解工作疲劳感。因此，有必要关注教师的婚姻状态。教师婚姻状态分布如图4-14所示。

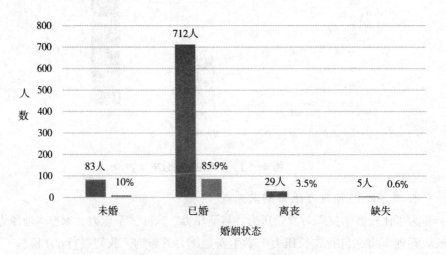

图4-14　教师婚姻状况的分布

① 李明军. 中小学教师教学反思的现实困境及其解决策略 [J]. 教学与管理，2018（18）:60-63.

图 4-14 显示，未婚的教师人数为 83 人（10%），已婚的人数为 712 人（85.9%），离丧的 29 人（3.5%），未作答的人数为 5 人（0.6%）。婚姻状态数据基本上符合正态分布。

2. 婚姻质量基本情况

如图 4-15 所示，教师在婚姻质量上满意的有 525 人（63.3%），婚姻质量为一般的有 176 人（21.2%），婚姻质量不满意的有 13 人（1.6%），婚姻质量未作答的有 115 人（13.9%）。整体来看，教师的婚姻质量不错。

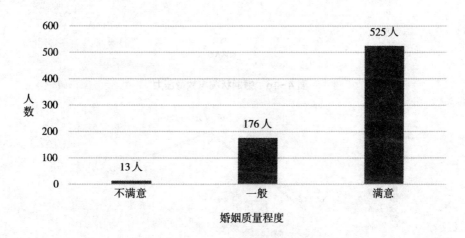

图 4-15 教师婚姻质量状况

3. 婚姻状态与婚姻质量在教育压力上的差异比较

比较婚姻状态与婚姻质量在教学压力、科研压力、人际关系压力、家校沟通压力、班级管理压力、自我成长压力、学生安全压力方面的差异，结果如图 4-16 与图 4-17 所示，不同的婚姻状态在人际关系压力、安全管理压力、家校沟通压力、成长压力方面产生差异，但不同的婚姻质量对教师压力影响不明显，且都高于 60 分。

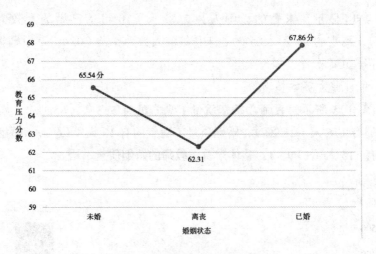

图 4-16　婚姻状况与教育压力

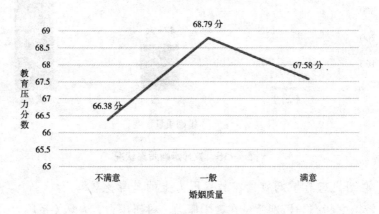

图 4-17　婚姻质量与教育压力

这说明婚姻状态为离丧时，教师的教育压力相较未婚、已婚时较低，可能的原因是，经过由未婚到已婚最后离丧，其婚姻体验会更为丰富，对工作上的期许可能会更加务实，会归于内心的平淡。

（六）任教学段与教师教育压力

1. 不同学段教师的基本情况

如图 4-18 所示，小学学段教师人数有 295 人（35.6%），初中学段教师有 377 人（45.5%），高中学段教师有 147 人（17.7%），学段信息未填有 10 人（1.2%）。

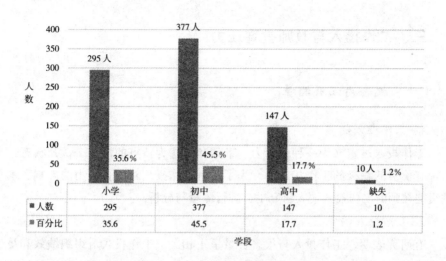

图 4-18　不同学段教师人数及百分比

2. 不同学段教师的教育压力差异比较

比较不同学段教师的教育压力，结果发现，在每个教育压力水平上都没有明显的差异，且都高于平均数 60，如图 4-19 所示。这说明，不同学段的教师都体验到较高的教育压力，但彼此之间差异不明显。

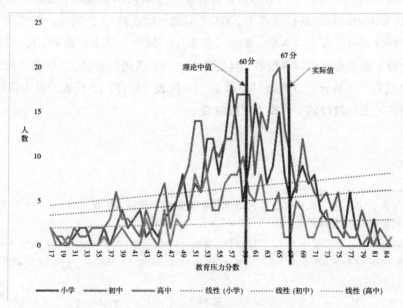

图 4-19　不同学段教师的教育压力趋势

三、工作投入与教师教育压力

（一）概念内涵及测量

1. 工作投入的内涵

工作投入被定义为一种以活力、奉献和专注为特点的情感—认知状态，是一种有价值的积极的工作状态。[①] 为了了解工作投入对教育压力的影响，本课题组把教师的工作投入纳入研究中，进行测量与分析。

2. 工作投入的意义

有研究表明，工作投入与很多变量呈正相关，工作投入对组织绩效和员工幸福感的重要性已被广泛证实，国外已有理论和实证研究表明，积极的情绪与工作投入存在密切关系[②]，相比其他影响因素，工作投入更多会受到个体情绪的影响。[③]

3. 工作投入的测量

教师职业投入与职业发展期望量表（PECDA 量表）是国外发展成熟的，用于调查教师对职业的投入、努力、坚持程度以及未来职业规划的量表。该量表由 Watt 和 Richardson 两位学者于 2008 年编制。量表共 17 个项目，包含四个维度：工作计划性、计划持久性、职业发展期望、领导力愿望（表 4-2）。量表采用李克特五级量表，被试者按照实际感受的一致程度进行评分，1 代表"极不符合"，2 代表"不符合"，3 代表"不确定"，4 代表"符合"，5 代表"极为符合"。分数越高，表示教师的工作投入程度越高。

---

① 郭钟泽，谢宝国，程延园. 昨天的积极体验影响今天的工作投入吗？——一项经验取样的日记研究 [J]. 管理评论，2019, 31（1）:171-182.

② OUWENEEL E , BLANC P M L, SCHAUFELI W B, et al. Good morning, good day: A diary study on positive emotions, hope, and work engagement[J]. Human relations, 2012, 65（9）:1129-1154.

③ SCHAUFELI W B,SALANOVA M,GONZALEZ-ROMA V, et al. The measurement of engagement and burnout: A two sample confirmatory factor analytic approach[J]. Journal of happiness studies, 2002（3）:71-92.

表4-2　教师职业投入与职业发展期望量表（PECDA量表）

维　度	题项（李克特五级量表）
工作计划性 （4题）	为了提高教学质量，我付出了巨大的努力
	无论是现在还是未来，我都有能力成为一名优秀的教师，并愿意为此付出努力
	我有自己的教师职业发展规划，并愿意通过制订计划和付出努力来完成任务
	我付出巨大的努力使自己成为有经验的高效教师
职业发展 期望 （5题）	在未来的日子里，我希望能够参与到教师专业发展等培训课程中
	保证进一步的专业发展
	不断了解当前教育的发展成就，树立当代主流的教育发展观
	进一步学习相关的专业知识
	我相信未来的日子我会在提高和进步中度过，做到不断改进教学技能
领导力愿望 （3题）	成为监管、监督人员
	我希望晋升领导阶层，成为决策者
	在成为领导者和管理者之后，我应该承担自己的责任
计划持久性 （4题）	我有非常大的把握可以坚持待在教师岗位上
	即使有可能我也不愿意调动工作
	在教师岗位上我愿意发挥全部的才能
	我愿以最大的热情投身于教育事业

全量表共 16 题。工作计划性 4 题，克隆巴赫 α 系数为 0.86；职业发展期望 5 题，克隆巴赫 α 系数为 0.92；领导力愿望 3 题，克隆巴赫 α 系数为 0.80；计划持久性 4 题，克隆巴赫 α 系数为 0.83。这说明该量表符合心理测量学的指标要求，可以用来测量教师的工作投入。

（二）工作投入的统计描述

1. 工作投入的总体分布情况

图 4-20 显示了教师工作投入总体分布情况，其项目均值总分为 63.31（维度分项目均分 3.72），标准差为 8.57（维度分项目标准差 0.50），偏度 −0.42，峰度 1.01。

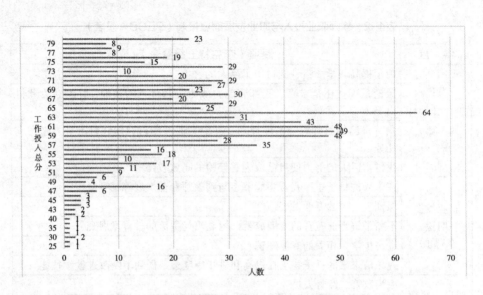

图 4-20　教师工作投入总体分布情况

2.工作投入及分维度的样本情况

为了比较不同维度分数的差异，考虑到不同维度题目数不同，故采用维度均分指标进行计算，结果发现教师对自身职业发展的投入最高（4.23 分，满分为 5 分），其余依次为工作计划性（4.14 分）、计划持久性（4.06 分）、领导力愿望（3.15 分）、且都高于平均分 3 分，如图 4-21 所示。

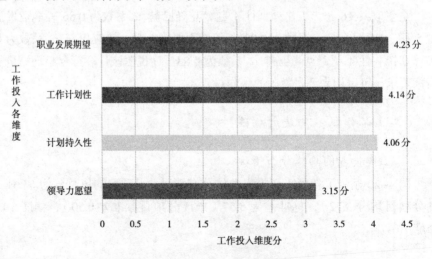

图 4-21　教师工作投入各维度的分布

这说明教师的工作投入度较高，并且投入最多的前两项分别为职业发展期望与工作计划性。可能的原因是，中小学教师经常遇到日常工作被突发事件干扰的情况，如其他教师或到访者的电话会破坏一天的工作计划。教师对于领导力愿望则相对较低，这可能与我国传统文化有关，他们不愿意积极主动地成为一个领导者，承担教学与管理的任务。

（三）性别与工作投入

图 4-22 显示，男教师（62.26 分）的工作投入要低于女教师（63.84 分）的工作投入，但这与已有研究有出入，以往研究表明，男教师的工作投入要高于女教师工作投入。

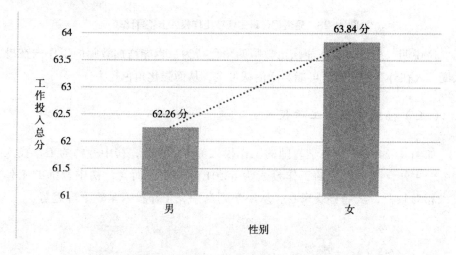

图 4-22 男女教师在工作投入上差异比较

这其中可能的原因是，性别并不是工作投入的稳定预测变量，除此之外还与教师的个性特征有关。

（四）担任班主任与工作投入

图 4-23 显示，担任班主任的教师（64.18 分）工作投入程度要高于未担任班主任的教师（62.65 分）工作投入程度。

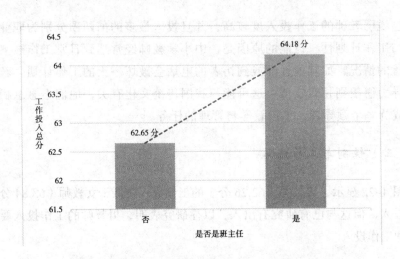

图 4-23　是否担任班主任在工作投入上差异比较

这说明，担任班主任能强化教师的角色行为，也能增加教师的工作内在投入度。人在外在的压力下可能会激活认可度，从而强化角色行为。

（五）任教学段与工作投入

如图 4-24 所示，小学教师的工作投入为 64.43 分，初中教师的工作投入为 62.59 分，高中教师的工作投入为 63.01 分。相比而言，初中教师的工作投入相对较低，从趋势线来看，从小学到高中，工作投入呈现下降趋势。

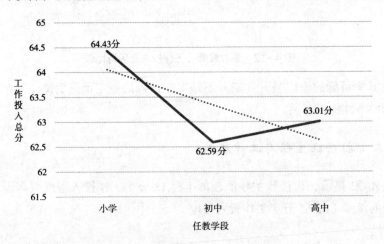

图 4-24　不同任教学段在工作投入上的差异比较

产生这种现象的可能原因是不同学段的学生心理成熟度不同，越成熟的学生越有较好的自我管理能力，教师的工作投入度可能会降低。初中教师的工作投入度较低，可能的原因是初中生这类群体处于青春期的逆反时期，不易接受教师的指导，反过来还会影响到教师的工作投入，从而使教师的工作投入效果难以在这类群体身上呈现。

（六）教龄与工作投入

如图4-25所示，工作6～10年及21年以上教师的工作投入水平相对较低。但有研究显示，6～10年教龄的教师工作投入水平最低。可能是对于教龄低于5年的教师，工作的新鲜感与挑战性能激发教师投入到工作当中。教龄为6～10年的教师工作投入最低，可能是由于该阶段教师面临的职业压力和新增的家庭负担最大。相关研究表明，教龄在6～10年的教师受到的职业压力最严重。

这些压力影响到教师的精力分配，从而导致工作投入水平的减少。随着教龄的增加，教师掌握了大量的教学实践经验，有较为清晰的专业发展定位，能够朝着这个目标不断地努力。另外，也可能因为教龄为6～10年的教师处于职业倦怠期与工作激情衰减期。一般研究显示，教师的职业倦怠期在最初10年内产生，教师如果不能调整自己，及时走出职业倦怠期，就很可能会持续减少工作投入。在工作到11～15年时，教师可能已经顺利渡过了职业倦怠期，进入了工作投入的爆发期。

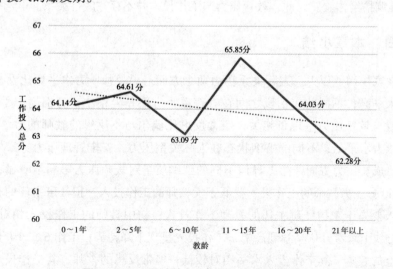

图4-25 不同教龄在工作投入上的差异比较

（七）反思习惯与工作投入

从图 4-26 可知，经常反思的教师在工作计划性维度（16.95 与 15.58）、计划坚持性维度（16.69 分与 15.15 分）、职业发展期望维度（21.61 分与 20.01 分）明显高于偶尔与不反思的教师的工作投入。

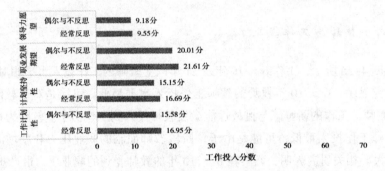

图 4-26　不同反思频率在工作投入上的差异比较

为了了解工作投入在何种水平上影响教育压力，我们进行了两两相关性分析，结果发现两者相关为 $r=0.052$，$p=0.145$，也就是工作投入与教育压力相互独立。这说明缓解教育压力不能从工作投入角度来考虑，需要从其他角度来考虑。可能的原因是工作投入是指一种有价值的积极投入状态，而教育压力则是教师在教育情境中所产生的不安、担心等情境压力，前者强调的是行为倾向，后者强调情绪体验。因此，教育压力与工作投入并不存在线性关系。

四、本章小结

在家校沟通压力、人际关系压力两个方面，男教师压力水平要比女教师的压力水平高；不同的年龄段之间在教育压力方面差异很小，且都高于平均数；阅读量与教育压力呈现负相关；经常反思比偶尔与不反思的教师的教学压力、科研压力水平低；不同的婚姻状态在人际关系压力、安全管理压力、家校沟通压力、成长压力方面产生差异但不同的婚姻质量对教师压力影响不明显，且都高于 60 分；男教师的工作投入要低于女教师的工作投入；担任班主任的教师工作投入要高于未担任班主任的教师工作投入；初中教师的工作投入相对较低，从趋势线上来看，从小学到高中，工作投入呈现下降趋势；工作 6～10 年及 21 年以上的教师，其工作投入水平相对较低；经常反思的教师，其工作投入明显高于偶尔反思及不反思的教师的工作投入；工作投入与教育压力相互独立。

第五章　幼儿园家长教育压力

家长教育压力表现为父母对"教育落后"的恐慌、在教育过程中对"教育重负"的压力、在教育结果方面对"教育无能"的担忧。它导致的后果是引发父母对子女不合理的教育期望和不正当的教育行为。幼儿园家长教育压力在很大程度上是导致社会上众多教育"乱象"，如幼儿园"小学化"、课外辅导培训泛滥等现象的直接诱因。

为了缓解父母的教育压力、营造良好的育儿环境，本调查项目将幼儿园家长教育压力作为研究主题，基于客观数据对幼儿园家长教育压力现状做一个总体描述，并借助统计方法分析家长教育压力产生的直接与间接原因，说明家长教育压力及相关因素之间的内在联系。本次调查采用分层整群抽样，每一个幼儿园选取其中一个小班、中班及大班的幼儿家长进行问卷调查，最终共回收3 000份家长问卷，在清理掉无效问卷后，得到2 692份有效问卷。本章具体呈现并解读家长问卷中各个概念及变量的统计结果。

一、家长教育压力

（一）概念的内涵及测量

基于相关理论及研究文献，本调查从六个方面考查了幼儿园家长教育压力，分别为学业表现压力、身体状况压力、安全状况压力、心理状况压力、未来发展压力、师幼关系状况压力，如图5-1所示。

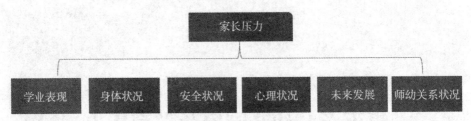

图 5-1 幼儿家长教育压力的六个方面

针对家长教育压力的六个方面，参考有关量表，本调查使用李克特五级量表对每个方面进行测量（表 5-1），每个题项的得分越高，表示压力程度越高。

表5-1 幼儿家长教育压力测量量表

压力的维度	题项（李克特五级量表）
学业表现	我担心孩子上不了好的小学
	我担心孩子跟不上班上同学或别人家的孩子
身体状况	我担心孩子身体不好
	我担心孩子身体难以承受当前学习任务
安全状况	我担心孩子人身安全（交通、意外等）
	我担心孩子在幼儿园期间受到他人欺负
心理状况	我担心孩子抗压能力差
	我担心孩子没有好朋友
未来发展	我担心孩子将来找不到一份好工作
	我担心自己不能为孩子前途提供必要的支持
师幼关系状况	我担心老师对自己孩子不好
	我担心老师不是幼儿园里的好老师

（二）家长教育压力的统计描述

图 5-2 显示了家长教育压力总分的样本分布，其均值为 28.78，标准差为 8.212，偏度 0.149。家长教育压力总分非常接近正态分布。

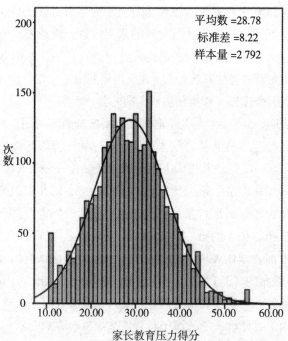

图 5-2　家长教育压力的样本分布

　　图 5-3 显示了家长教育压力六个方面的平均得分。相对而言，家长对孩子的安全状况压力程度最高（3.16 分），其次是对孩子的身体状况压力（2.99 分）、学业表现压力（2.79 分）、心理状况压力（2.72 分）和未来发展状况压力（2.20分），压力程度最低的是对师幼关系状况的压力（2.03 分）。

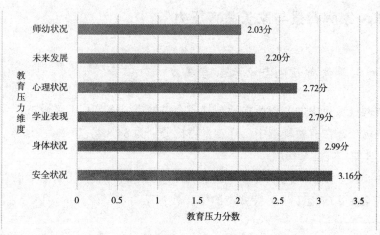

图 5-3　家长教育压力六个方面的均值

从数据中可以看出，家长的教育压力水平整体而言处于高位。家长高度担心孩子的安全状况，这可能与儿童发展的未完成性、未成熟性有关。儿童作为无民事行为能力人，缺乏自我保护的能力，因此家长最担心的是儿童的安全状况。家长还担忧儿童的身体状况，3～6岁正是儿童生长发育的关键期，合理的营养不仅能促进健康成长，还能预防成人期的各种疾病。[①]

还有研究表明，3～6岁是儿童心理活动系统的奠基时期，是个性形成的初级阶段。身体是心理发展的重要载体，只有身体状况健康才能更好地保证心理健康的发展。在这一时期幼儿进入人生的第一所学校——幼儿园，远离了祖辈、父辈事无巨细的照顾，亲子依恋使家长不自主地担心幼儿园教师在照顾多名幼儿的情况下，是否能够满足自家孩子的吃喝拉撒睡等问题。基于以上情况，身体状况成为家长担心孩子的第二大方面。学业表现是继安全与身体状况后，家长最为担心的方面。学业表现应该是孩子上小学后才应该有的压力的问题。教育部于2012年颁布的《3-6岁儿童学习与发展指南》指出，游戏是幼儿在幼儿园最主要的活动，对学业表现压力程度较高这一现象表明家长教育压力的前移，以考试和升学为主要评价手段的国民教育体系深刻地影响着家长的心态。"学而优则仕""书中自有黄金屋""不能让孩子输在起跑线上"等观念持续影响着家长，因此对学业表现的关注从学前教育阶段开始。数据显示，师幼关系状况是家长最不担心的，这从侧面反映了家园关系和谐，家长普遍对幼儿园教师抱有较高的信任。这种高度信任离不开幼儿园教师对孩子的悉心照顾、与家长的沟通交流。

二、家庭背景与家长教育压力

（一）学校所在地与家长教育压力

本调查项目中的学校所在地包括省会级城市、地（县）级城市、乡镇和农村四类选项，在有效样本中，样本量占比分别为84.8%、13.2%、0.7%和1.3%，样本主要集中在省会级城市。

图5-4显示了不同学校所在地家长教育压力的均值。从图中可以看出，学校在省会城市、地（县）级城市的家长教育压力水平较低（均值分别为28.99

---

① 宋超,丁彩翠,张妍,等.青岛泰安两地三～五年级小学生营养知识及饮食行为调查[J].中国学校卫生,2014,35(12):1870-1872.

分和 27.26 分），学校在农村和乡镇的家长教育压力水平显著高于城市（F=4.9，p<0.01），尤其是农村幼儿园的家长，其教育压力水平最高（均值 30 分）。农村幼儿园家长的教育压力往往被有意或无意地忽视，因为媒体及公众的注意力更多地关注城市家长的教育压力问题。从资源总量上来看，虽然国家对学前教育的重视程度不断提高，但从历史来看，学前教育财政投入总量较为有限，投入到农村和乡镇的就相应少了。从学前教育资源配置结构角度来看，"以县为主"的教育管理体制使传统的农村乡镇相对城市而言明显处于劣势，这种先天性的资源配置劣势及伴随而来的教育质量问题增加了孩子接受教育的质量和发展前途的不确定性。由于这些地区的家长掌握有限的经济资本、社会资本以及文化资本，缺乏追求教育质量的能力，因此农村、乡镇地区的家长成为"缄默"的教育压力承受者。

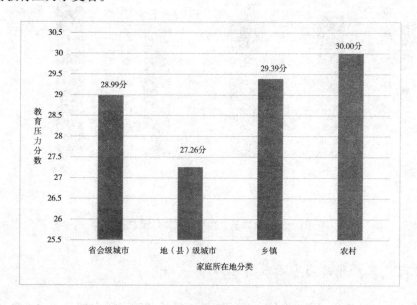

图 5-4　家庭所在地与家长教育压力

（二）家庭子女数与家长教育压力

图 5-5 显示了家庭中孩子数量不同的家长教育压力情况。从图中可以看出，当家庭中有 4 个及以上孩子时，家长教育压力程度最高，其压力均值为 34.75 分。当家庭中孩子数量多时，家庭教育成本相应也高，尤其在幼儿园阶段民办园数量较多但完善的成本分担机制尚未形成的情况下，家长的经济压力相应较

大，提高了家长的压力程度。独生子女家长的教育压力程度次之（29.1分），家庭中只有一个孩子时，家庭结构一般情况下为"4+2+1"，孩子承载着家庭的期望，家长把教育的全部精力放在孩子身上，因此其相应的教育压力程度也就越高。当家庭中孩子个数为2个或者3个的时候，家长教育压力相对较小。多子女家庭父母教育精力较为分散，且父母已经经历过第一个孩子的幼儿园教育，这些经验会在某种程度上减少其教育压力。在独生子女或者有4个及以上孩子的家庭，其家长教育压力水平显著高于2个或3个子女家庭中的家长（F=5.647，$p<0.01$）。

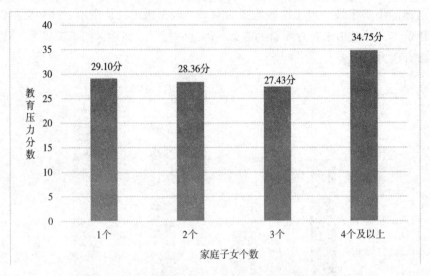

图 5-5　家庭子女数与家长教育压力

（三）父母年龄与家长教育压力

　　表 5-2、图 5-6、图 5-7 显示了不同年龄家长的教育压力情况。总体来说，父亲压力程度随年龄增长而降低，母亲压力程度随年龄增长而增加。在 20 ～ 25 岁年龄段的家长中，父亲的压力程度远远高于母亲的压力程度。这一时期的父亲年龄较小，刚从家庭中孩子的角色转换到父亲的角色，新的角色要求父亲不仅是养育者更是教育者。在母亲方面，总体来看，其压力程度随着年龄增大而呈波动性上升趋势。与父亲相反，50 岁以上母亲的其压力程度是最高的。但统计显示，不同组别年龄的家长压力均无显著性相关。

表5-2 父母年龄与教育压力

年龄/岁	父亲压力分数	母亲压力分数
20～25	34.80	29.44
26～30	28.62	28.71
31～35	28.93	29.00
36～40	28.17	28.20
41～50	29.79	28.94
50 岁以上	30.67	34.00

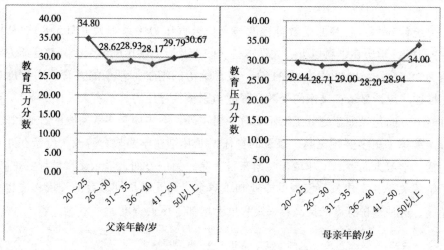

图 5-6 不同年龄父亲的教育压力　　图 5-7 不同年龄母亲的教育压力

（四）父母文化程度与家长教育压力

从表 5-3 中可以看出，在调查的 2 692 个样本中，父亲学历在本科以下的有 1 309 人，占总体调查样本的 48.6%，其中初中及以下的有 175 人，中专及同等学历的有 438 人，大专有 696 人；父亲学历为大学本科的有 1 109 人，硕士及以上有 274 人。母亲学历在本科以下的有 1 469 人，占调查样本总体的 54.6%，其中学历在初中及以下的有 203 人，高中及同等学历的有 511 人，大专有 755 人；母亲学历为大学本科的有 1 008 人，硕士及以上的有 215 人。

表5-3　父母亲学历状况

父亲学历	人数 / 人	百分比 /%	母亲学历	人数 / 人	百分比 /%
本科以下	1 309	48.6	本科以下	1 469	54.6
大学本科	1 109	41.2	大学本科	1 008	37.4
硕士及以上	274	10.2	硕士及以上	215	8
总计	2 692	100	总计	2 692	100

统计显示，父亲的受教育程度与家长教育压力关系不大（图5-8）。从图5-9可知，学历在本科以下、大学本科、硕士及以上学历的母亲，其教育压力均值为28.56分、28.78分、30.31分，随着学历的增加，母亲的教育压力程度也在增加。统计显示，父亲的受教育程度与家长教育压力关系不大（图5-8）。这可能一方面与当前家庭分工密不可分，男主外、女主内是多数家庭的普遍状态。母亲承担了更多照顾家庭、孩子的责任，尤其是在学前教育阶段，母亲在儿童生活、学习方面参与度相较于父亲来说更高；另一方面，母亲受教育程度越高，了解的关于儿童成长与发展的专业知识越多，对儿童早期教育的重视程度也就越高，这种重视程度的提高在一定程度上增加了压力程度。

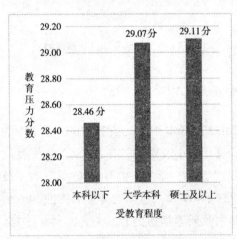

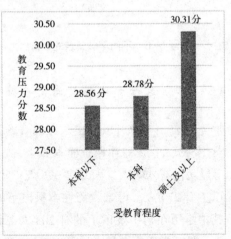

图 5-8　父亲受教育程度与教育压力　　图 5-9　母亲受教育程度与教育压力

（五）父母职业与家长教育压力

图 5-10 显示了不同职业的父亲教育压力情况。压力程度处于前三位的父亲职业分别是无工作者（32.54分）、农业劳动者（31.50分）以及军人（31.30分）。父亲职业为中小学老师的压力程度最低（27.66分）。父亲无工作或为农业劳动者可能期望自己的孩子摆脱现有生活困境，寄希望于教育，但是父亲自己能够帮助孩子进行学习规划的能力有限，因此其压力程度会更高一些。对于军人来说，军人的工作性质决定了其不能常伴于儿童身旁，不能给儿童及时的教导，因此其压力程度位于第三位。职业为中小学教师的父亲的压力程度最低，他们掌握了大量的科学育儿知识，能够实时地对孩子进行指导，因此其压力程度最低。职业为专业技术人员，新闻、文艺工作者，文职人员，工人，军人，农业劳动者，无工作者的压力值均高于平均值 28.77，说明从事这些职业的父亲普遍压力程度较高。

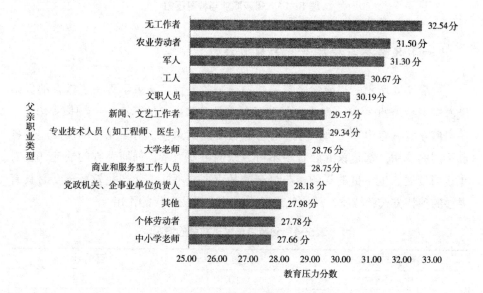

图 5-10　父亲职业与教育压力

图 5-11 显示了不同职业的母亲教育压力情况。压力程度位于前三位的母亲职业为农业劳动者（30.63分），党政机关、企事业负责人（29.91分），文职人员（29.55分）。与父亲职业为军人相反的是，母亲职业为军人时压力程度最低。

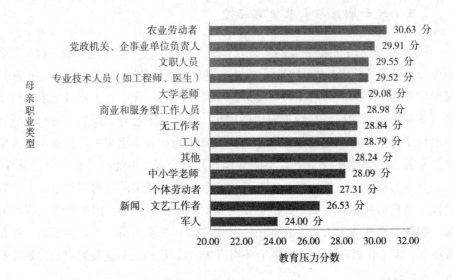

图 5-11　母亲职业与教育压力

（六）父亲参与程度与家长教育压力

如表 5-4 所示，当前父亲普遍参与孩子的教育。从来不管孩子教育的父亲仅占样本总体的 3.8%；经常参与孩子教育的父亲有 1 091 名，占总体的 40.5%。在当前家庭教育中，父母双方各自扮演着不同的角色，对于儿童的发展起着各自不同的作用，都是家庭教育中不可或缺的重要力量，任何一方的缺乏都会对儿童的发展产生不良的影响。与母亲的教育方式不同，父亲在教育子女时具有男性的独特方式和特质，在幼儿成长中有他人无法取代的作用。

表5-4　父亲参与孩子教育的情况

父亲参与频率	人数 / 人	百分比 /%
从来不管	102	3.8
偶尔参与	639	23.7
有时参与	860	32.0
经常参与	1 091	40.5
合计	2 692	100

如图 5-12 所示，父亲参与程度越低，家长教育压力程度越高。调查显示，在家庭中，父亲从来不管的，教育压力分数最高为 29.98 分；偶尔参与的，家长

教育压力分数为 29.75 分；有时参与的，家长教育压力分数为 28.52 分；经常参与的，家长教育压力分数为 28.30 分。统计显示，根据父亲参与孩子教育程度的不同，家长教育压力存在显著性差异（$F=5.23$，$p=0.001$），且两者呈负相关关系（$r=-0.074$，$p < 0.01$）

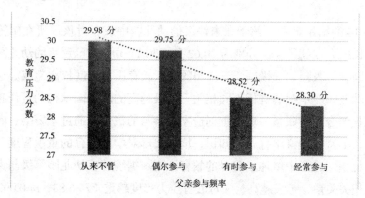

图 5-12　父亲参与教育的频率与教育压力

（七）家庭年总收入与家长教育压力

调查显示，家庭年总收入低于 3 万元的家长教育压力程度最高，其次是家庭年总收入为 5～10 万元的家长，家长压力程度最低的是家庭年总收入在 3～5 万元的家长，具体如图 5-13 所示。总体趋势表明，家长压力随年收入波动性下降。统计表明，不同收入的家庭的教育压力无显著性差异。

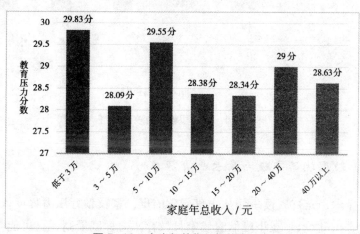

图 5-13　家庭年总收入与教育压力

三、幼儿园及幼儿与家长教育压力

（一）所在幼儿园类型与家长教育压力

图 5-14 的结果显示，孩子在未评级的幼儿园中或者对孩子所在园等级不清楚的，家长压力程度最高，分别为 30.62 分、30.11 分。在已评级的幼儿园中，示范性幼儿园、一级园、二级园、三级园的家长教育压力程度依次递减。这可能与不同等级幼儿园所承担的责任不同相关。等级越高的幼儿园承担的责任越重，更注重与家长的合作与联系，更注重创造家长参与的机会，通过家委会、园所开放日等活动，丰富父母科学育儿的知识，增加父母对学前教育的重视程度，因此在了解的过程中，无形中增加了父母的教育压力。据统计，幼儿园等级与家长教育压力呈正相关关系，等级越高，父母教育压力程度越重（F=6.83，p=0.002）。

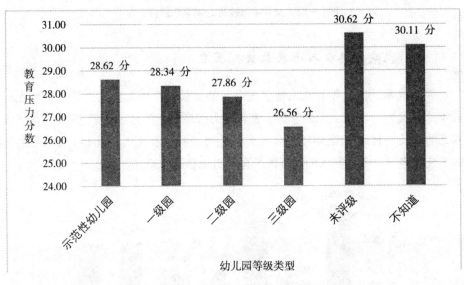

图 5-14　幼儿园等级与教育压力

（二）幼儿就读年级与家长教育压力

调查显示，儿童就读班级从小班到学前班，家长教育压力程度依次递减，具体如图 5-15 所示。在小班的时候家长教育压力程度最高，这可能与幼儿上小班时初次离开家庭有关。幼儿度过了入园适应期后，随着年级不断升高，幼儿对幼儿园的生活与学习逐渐熟悉、融入，家长也对幼儿园有信心，相信幼儿园教师能够妥善照顾好孩子、孩子在幼儿园能够得到全面发展，因此家长的教育压力逐渐降低。在统计过程中发现，上托班的孩子家长教育压力程度最低，一方面可能与样本量小有关，另一方面可能是既然家长将孩子送往托班照顾，应该是非常相信老师的专业素养与能力，因此送往托班比较放心，压力感相应也降低。综合调查统计表明，幼儿就读不同班级的家长，其教育压力无显著差异。

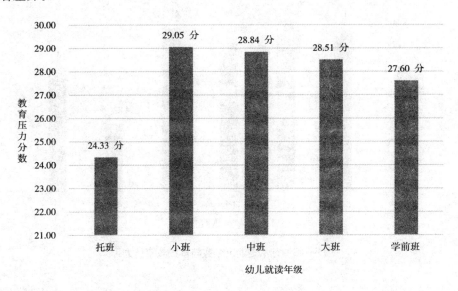

图 5-15　幼儿就读年级与家长教育压力

四、课外辅导与家长教育压力

早教机构作为一种教育培训机构，旨在开发幼儿的兴趣与特长，已成为越来越多父母的选择。调查显示，有 40.9% 的家长为孩子报了艺术培训类班、34.3% 的家长为孩子报了运动健康类班、47.02% 的家长为孩子报了语言教育类班、43.5% 的家长为孩子报了美术手工类班、17.2% 的家长为孩子报了科学探索类班，26.5% 的家长为孩子报了亲子活动类班。为孩子报语言教育类班的家长占比最高，这说明父母都比较重视让幼儿掌握知识；报科学探索类班的家长比例最低，这说明家长不太重视对幼儿科学探究能力的培养。

（一）艺术培训班情况与家长教育压力

由图 5-16 可知，给孩子报 1 个兴趣班的家长的教育压力程度最高，其均值为 29.17 分；其次是给孩子报 3 个兴趣班的家长，其压力均值为 28.81 分；再次是没有给孩子报艺术培训班的家长，其压力均值为 28.69 分。统计显示，在给孩子报不同数量艺术培训班的家长间，教育压力无显著性差异。

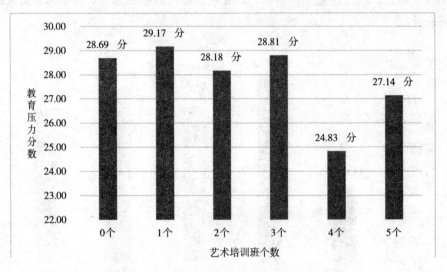

图 5-16　艺术培训班个数与家长教育压力

（二）运动健康类培训班情况与家长教育压力

图 5-17 显示的是给孩子报不同个数运动健康类培训班的家长的教育压力状况。教育压力最高的是报 2 个班的家长，其压力值为 28.95 分；其次是没有报班的家长，其压力均值为 28.88 分；报 4 个班的家长压力均值最低，为 26.14 分。在给孩子报不同个数的运动健康类培训班家长间，教育压力无显著性差异。

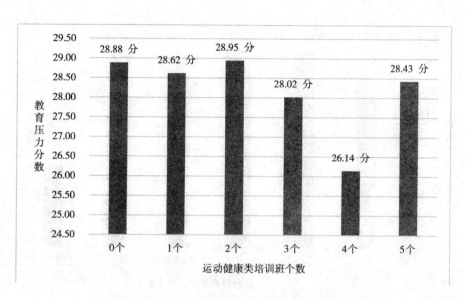

图 5-17　运动健康类培训班个数与家长教育压力

（三）语言教育类培训班情况与家长教育压力

图 5-18 显示的是给孩子报不同个数语言教育类培训班的家长的教育压力状况。统计显示，报 1 个培训班的家长，其压力均值最高，为 29.43 分；其次是报 2 个培训班的家长，其压力均值为 28.83 分；报 5 个培训班的家长，其压力均值最低，为 25.13 分。语言教育类培训班报的越多，家长的压力程度也就越低。2018 年，教育部发文禁止幼儿园教授小学内容，而一些早教机构为了顺应市场需求，开设了一些语言教育类（如拼音、阅读、英语、讲故事）培训班。很多家长为了防止孩子"输在起跑线上"，都会为幼儿选择培训班开展知识学习，报的班越多越安心。统计显示，在报不同数量语言教育类培训班的家长间，教育压力存在显著性差异（$F=3.174$，$p=0.007$）。

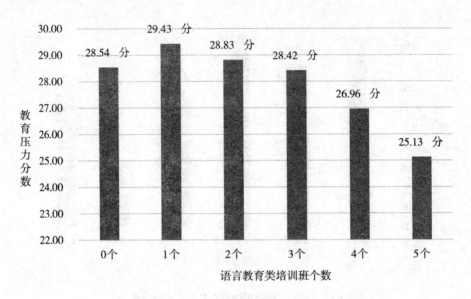

图 5-18　语言教育类培训班个数与家长教育压力

（四）美术手工类培训班情况与家长教育压力

图 5-19 显示的是给孩子报不同个数美术手工类培训班的家长的教育压力情况。报 2 个美术手工类班的家长，其教育压力最高，均值为 29.36 分；其次是报 1 个美术手工类培训班家长，其压力均值为 28.90 分；而报 4 个美术手工类培训班的家长，其压力均值是最低的，为 27.27 分。报低于 3 个美术手工类培训班的家长，其压力值依次递增，报在报 2 个班班时家长的压力值达到顶峰。这可能是因为家长由于重视孩子的全方位发展，给孩子尽可能多地报了班，但是报的班过多又不利于孩子的正常发展。对孩子教育的重视导致为孩子报了 2 个美术手工类培训班的家长压力程度最高。统计显示，在给孩子报不同数量美术手工类培训班的家长间，教育压力无显著性差异。

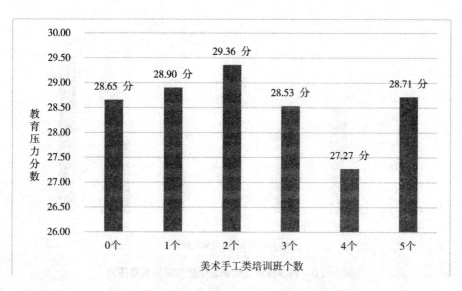

图 5-19　美术手工类培训班个数与家长教育压力

（五）科学探索类培训班情况与家长教育压力

图 5-20 显示的是给孩子报不同数量科学探索类培训班的家长的教育压力。报 5 个科学探索类培训班的家长，其压力均值最高，为 29.94 分；报 3 个科学探索类培训班的家长，其压力均值最低，为 27.85 分。科学研究表明，科学探究活动是培养儿童核心素养的重要途径，让幼儿参与以探究为主的学习活动，经历知识形成的过程，把科学知识的学习和科学探究活动结合，才能有效获取知识、锻炼技能、培养兴趣。家长认识到这一类课程对孩子的价值，选择为孩子报科学探索类培训班。报班最多的家长，其教育压力最为严重，但报班数量多少与家长教育压力无统计学上的相关。

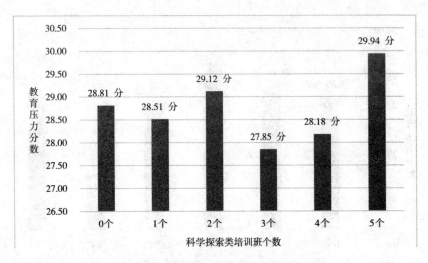

图 5-20　科学探索类培训班个数与家长教育压力

（六）亲子活动类培训班情况与家长教育压力

图 5-21 显示的是给孩子报亲子活动类培训班的家长的教育压力情况。统计表明，无论报班与否或者报班数量多或少，除报 4 个班的家长外，其他报班家长的教育压力值基本上差异不大。统计显示，在给孩子报不同个数亲子活动类培训班的家长间，教育压力无显著性差异。

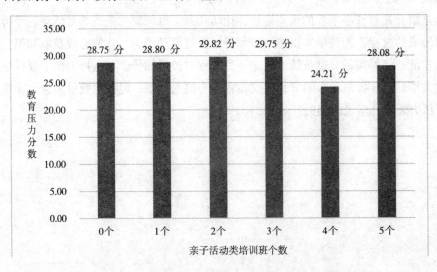

图 5-21　亲子活动类培训班个数与家长教育压力

（七）培训总花费与家长教育压力

表 5-5 显示的是幼儿上培训班一年的费用情况。一年给孩子报班费用为 0 的家庭比重为 23.4%，这部分家庭未给孩子报任何辅导班。其余 76.6% 的家庭都给孩子报了班，并且有 50.6% 的家长每年培训花费在 1 万元以下，26% 的家庭每年花费在 1 万元以上。家长普遍重视孩子的早期教育，年度收入不同的家庭分别把孩子送往收费标准不一、培训质量各异的培训机构中，以期让孩子获得较多的文化资本。

表5-5　年度培训花费情况

培训花费/元	0	1～3 000	3 001～5000	5 001～10 000	10 001～15000	15 001～20 000	20 001～30000	30 001 及以上	总　计
人数/人	630	462	414	487	290	174	161	74	2692
百分比/%	23.4	17.2	15.3	18.1	10.8	6.5	6.0	2.7	100

图 5-22 显示的是培训总花费不同的家长的教育压力状况。从图 5-22 可看出，家长的压力程度随着培训总花费增加而呈波动性增长趋势，但两者并无统计学上的相关。

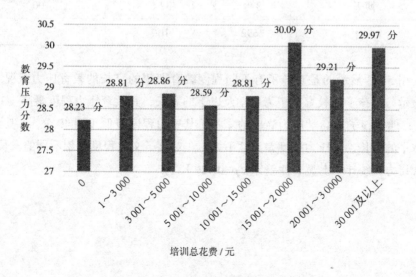

图 5-22　培训总花费与家长教育压力

五、家长态度与教育压力

（一）父母对孩子的文化程度期望与家长教育压力

父母对孩子的文化程度都有较高的期望，希望孩子最高的文化程度为大专以下的仅有 8 人，希望孩子最高拿到大专学历的有 21 人，希望孩子最高拿到本科学历的有 620 人，希望孩子最高拿到硕士学历的有 1165 人，希望孩子最高拿到博士学历的有 878 人，硕士学历占比最高为 43.3%，具体如表 5-6 所示。这表明父母对孩子的文化程度期望不满足于本科，向硕士阶段转移。

表5-6　希望孩子最高的文化程度

父母期望	人数 / 人	百分比 /%	累积百分比 /%
小学及以下	3	0.1	0.1
高中	5	0.2	0.3
大专	21	0.8	1.1
本科	620	23.0	24.1
硕士	1165	43.3	67.4
博士	878	32.6	100
总计	2692	100	

图 5-23 显示的是对孩子有不同程度教育期望的家长的教育压力状况。调查显示，对孩子的教育期望为小学及以下的家长，其教育压力程度最高（31.67 分）；期望孩子最高学历为高中的家长，其压力程度最低（27.40 分）；其余教育水平的家长，其压力程度差异性不大。在对孩子文化程度期望不同的家长间，教育压力无统计学上显著性差异（$p=0.129$）。

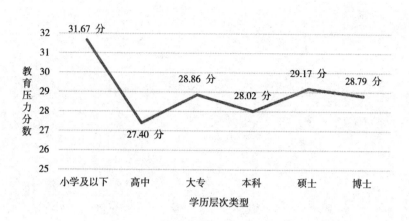

图 5-23 父母教育期望与家长教育压力

（二）教育观念认同与家长教育压力

表 5-7 显示的是对"一个人的受教育程度越高，其在未来人生中取得较大成就的可能性越大"这一教育观念的认同分布情况，68.8% 的家长认同此观念，仅有 10.7% 的家长不认同这一观念。这说明现阶段家长普遍都认识到受教育的重要性。

表5-7 教育认同度的分布情况

教育认同	人数／人	百分比／%	累积百分比／%
非常不认同	82	3.0	3.0
比较不认同	206	7.7	10.7
一般	552	20.5	31.2
比较认同	1 273	47.3	78.5
非常认同	579	21.5	100
总计	2 692	100	

图 5-24 显示的是不同教育观念的家长的教育压力状况。比较不认同"一个人的受教育程度越高，其在未来人生中取得较大成就的可能性越大"这一说法的家长，其教育压力程度最低（27.12 分）；比较认同这一说法的家长，其教育压力程度最高（29.12 分）。在持不同教育观念的家长间，教育压力在统计学上存在显著性差异（$F=2.743$，$p=0.027$）。

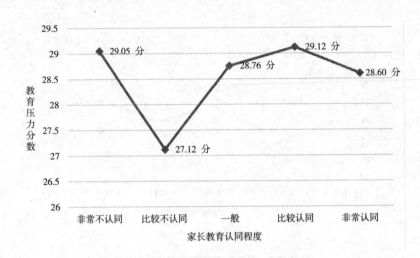

图 5-24　家长教育认同程度与教育压力

（三）孩子未来职业期望与家长教育压力

图 5-25 显示的是对孩子有不同职业期待的家长的教育压力情况。其中，期待孩子未来职业为工人的家长的压力值最高，而期待孩子未来职业为农业劳动者的家长的压力值最低。在对孩子有不同职业期待的家长间，教育压力存在显著性差异（$F=2.133$，$p=0.016$）。

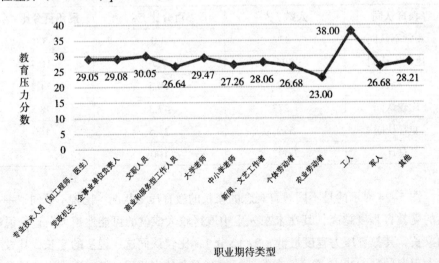

图 5-25　职业期待类型与教育压力

（四）教养方式与家长教育压力

图 5-26 显示的是采取不同教养方式的家长的教育压力情况。美国心理学家戴安娜·鲍姆林德提出了家庭教养方式的两个维度，即要求性和反应性，根据这两个维度，她将教养方式分为权威型、专制型、溺爱型、忽视型。调查显示了专制型家长的教育压力程度最高（31.46 分），忽视型家长的教育压力程度最低（27.33 分）。在采取不同教养方式的家长间，教育压力存在显著性差异（F=6.644，$p < 0.001$）。

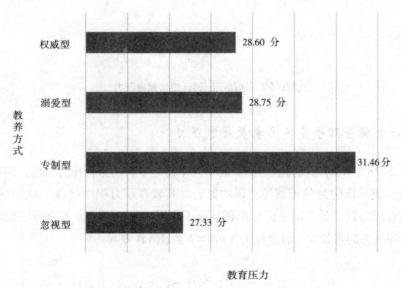

图 5-26　教养方式与教育压力

（五）送孩子出国与家长教育压力

图 5-27 显示的是有不同教育准备的家长的教育压力状况。想过送孩子出国学习但没有制订计划的家长，其压力程度最高（29.66 分）；对孩子出国持无所谓态度的家长，其压力程度最低（27.32 分）。从绝对值上来看，持不同观点的家长的教育压力程度相差无几，但统计学上显示，在对送孩子出国有不同准备的家长间，教育压力有显著性差异（F=8.804，$p<0.01$）。

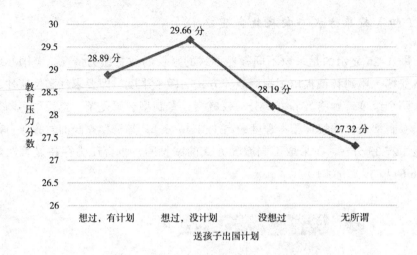

图 5-27　送孩子出国计划与教育压力

（六）辅导孩子主体与家长教育压力

图 5-28 显示的是辅导孩子功课的不同主体与家长的教育压力情况。调查显示，选择辅导机构为孩子辅导功课的家长，其教育压力程度最高（34.57分）。家长教育压力程度最低的是由母亲辅导孩子功课（28.69分）。在选择不同辅导孩子功课主体的家长间，教育压力无统计学上显著性差异。

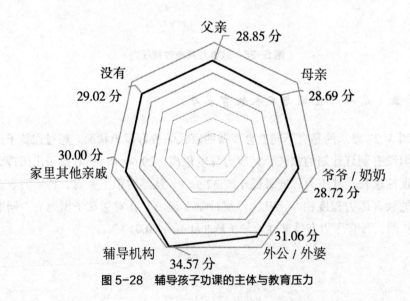

图 5-28　辅导孩子功课的主体与教育压力

（七）理想的孩子数与家长教育压力

当被问及"不考虑政策原因时，有几个孩子理想时"，选择生育 4 个孩子的家长，其压力程度最高（29.76 分）。选择生育 3 个孩子的家长，其压力值最低（28.55 分），如图 5-29 所示。统计显示，在拥有不同生育观的家长间，教育压力无显著性差异。

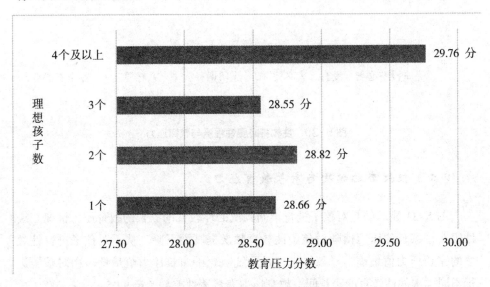

图 5-29　理想孩子数与教育压力

六、性教育与教育压力

（一）性教育的必要性与家长教育压力

图 5-30 显示的是对性教育持不同观念的家长的教育压力情况。认为性教育没有必要的家长，其教育压力程度最低（25.69 分）；对性教育持无所谓态度的家长，其教育压力程度最高（30.20 分）。

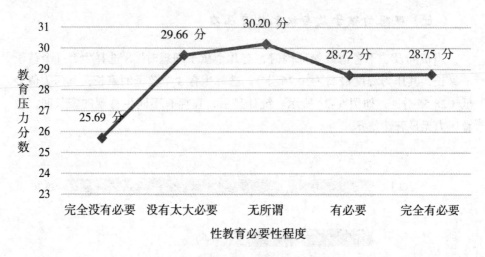

图 5-30　性教育必要性程度与教育压力

（二）性教育的频次与家长教育压力

图 5-31 显示的是对孩子进行不同频次的性教育的家长的教育压力情况。统计表明，家长的压力值随对孩子性教育频次提高而下降。从不对孩子进行性教育的家长压力值最高，对孩子进行过系统教育的家长压力值最低。在对孩子进行不同频次的性教育的家长间，教育压力有显著性差异（$F=9.052, p < 0.001$）。

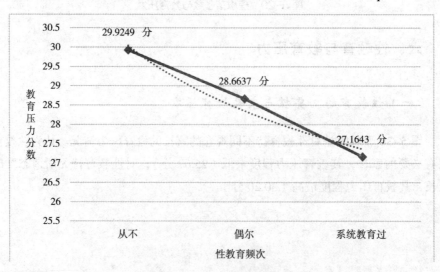

图 5-31　家长性教育频次与教育压力

（三）幼儿园性教育支持情况与家长教育压力

图 5-32 显示的是对幼儿园开展性教育持不同态度的家长的教育压力状况。持很不赞成态度的家长压力程度最低（28.41 分），而持不太赞成态度的家长压力程度最高（29.71 分）。在对幼儿园开展性教育持不同态度的家长间，教育压力无显著性差异。

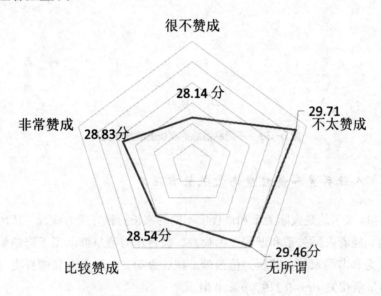

图 5-32　幼儿园性教育的支持情况与教育压力

七、家长生存状态与教育压力

（一）幸福感与家长教育压力

图 5-33 显示的是幸福感不同的家长的教育压力状况。从图中折线可看出，随着幸福感程度的提高，家长的教育压力值呈波动下降趋势。家长幸福感与教育压力呈负相关（$r=-0.247$, $p < 0.01$）。

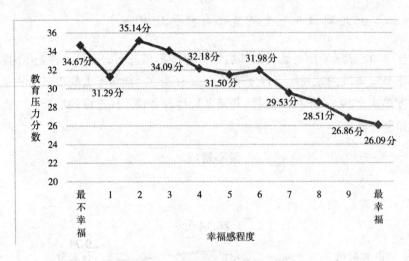

图 5-33　不同幸福感的家长的教育压力

（二）人际关系和谐程度与家长教育压力

图 5-34 显示的是人际关系和谐程度不同的家长的教育压力状况。从图中折线可看出，随着人际关系和谐程度的提高，教育压力值呈波动型下降趋势，人际关系最为和谐的家长，其压力值最低。统计表明，人际关系和谐程度与家长教育压力呈负相关（$r=-0.219$，$p < 0.01$）。

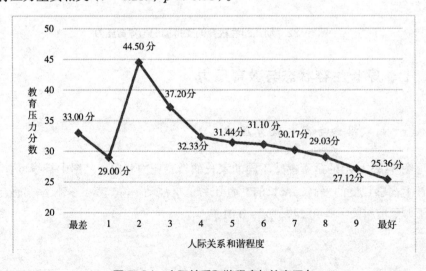

图 5-34　人际关系和谐程度与教育压力

（三）社会经济地位与家长教育压力

图 5-35 显示的是不同社会经济地位的家长的教育压力状况。从图中可以看出，家长的教育压力随着社会经济地位的提升而呈波动下降趋势。统计显示，在社会经济地位不同的家长间，教育压力存在显著性差异（$F=7.577$，$p < 0.001$）。

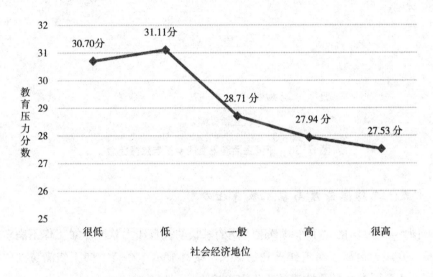

图 5-35　不同社会地位家长的教育压力情况

（四）生活满意度与家长教育压力

图 5-36 显示的是不同生活满意度家长的教育压力状况。家长的压力随着生活满意程度提高而波动下降。对生活持满意和非常满意态度的家长，其压力值均低于对生活持不满意或者非常不满意态度的家长压力值。统计表明，在持不同生活满意度的家长间，教育压力值存在显著性差异（$F=35.528$，$p < 0.001$）。

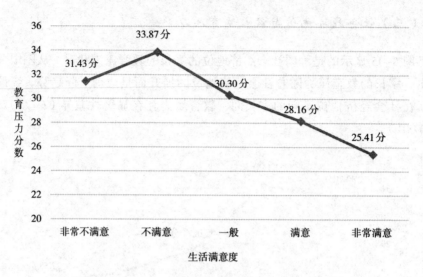

图 5-36 不同生活满意度的家长与教育压力

（五）工作满意度与家长教育压力

图 5-37 显示的是工作满意度不同的家长的教育压力状况。对工作不满意的家长，其压力值高于对工作满意的家长。统计显示，在持不同工作满意度的家长间，教育压力呈显著性差异（F=35.293，$p < 0.001$）。

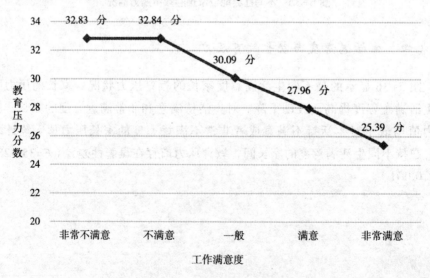

图 5-37 工作满意度与教育压力

（六）未来信心度与家长教育压力

图 5-38 显示的是对未来持不同信心度的家长的教育压力状况。从图中可以看出，对未来没有信心的家长，其压力值最高；而对生活很有信心的家长，其压力值最低。随着家长对未来信心度逐渐提高，家长的压力值波动降低。统计显示，在对未来持不同信心度的家长间，教育压力存在显著性差异（F=38.353，$p < 0.001$）。

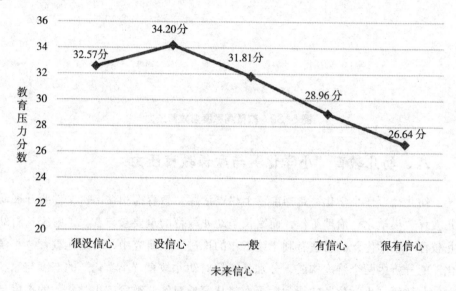

图 5-38 未来信心度与教育压力

（七）教育满意度与家长教育压力

图 5-39 显示的是对孩子教育持不同满意度的家长的教育压力状况。对孩子教育非常不满意的家长，其压力值最高，为 38.92 分；对孩子受教育状况非常满意的家长，其压力值最低，为 24.96 分。家长对孩子受教育状况越满意，家长的教育压力值也就越低。统计显示，在对孩子受教育状况持不同态度的家长间，教育压力也存在显著性差异（F=68.754，$p < 0.001$）。

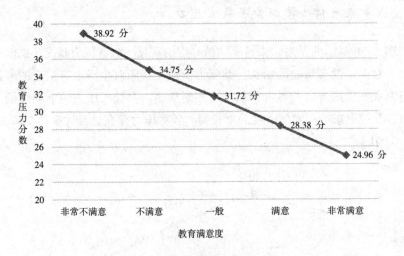

图 5-39 教育满意度与教育压力

八、幼儿教育"小学化"与家长教育压力

幼儿教育"小学化"是当前一个热点话题，教育部相继出台文件要开展幼儿教育"小学化"治理工作，而家长是幼儿教育的重要参与者，了解家长对幼儿教育"小学化"的看法有利于该工作的推进。本研究中，对幼儿教育"小学化"的分析由两个维度构成，分别是家长对幼儿教育"小学化"的态度与家长对幼儿教育"小学化"的行为。下面将从家长对幼儿教育"小学化"的态度与行为方面进行论述。

（一）家长对幼儿教育"小学化"的态度与家长教育压力

图 5-40 显示的是家长对幼儿教育"小学化"的态度分值。图中实线代表家长对幼儿教育"小学化"态度的理论均值，虚线代表家长对幼儿教育"小学化"态度的实际均值。家长对幼儿教育"小学化"的实际均值低

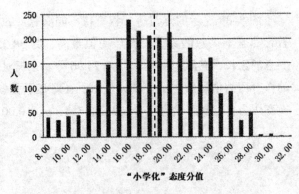

图 5-40 家长对幼儿教育"小学化"的态度

于理论均值,说明家长对幼儿教育"小学化"主要持反对态度。

统计显示,家长压力与家长对幼儿教育"小学化"态度呈正相关($r=0.183$,$p < 0.01$)。家长在态度上越支持"小学化",那么家长的教育压力越大;家长教育压力越大,那么家长在态度上也就越支持"小学化"。

(二)家长对幼儿教育"小学化"的行为与家长教育压力

图 5-41 显示的是家长对幼儿教育"小学化"的行为分值。虚线代表的是"小学化"行为的实际均值,实线代表的是"小学化"行为的理论均值,实际均值大于理论均值,表明家长对"小学化"在行为上总体是支持的。尽管家长在态度上不支持幼儿教育"小学化",但是在行为却又表现出支持,呈现出家长对幼儿教育"小学化"问题上的"言行不一致"。统计显示,家长对幼儿教育"小学化"的行为与教育压力呈正相关($r=0.159$,$p < 0.01$)。

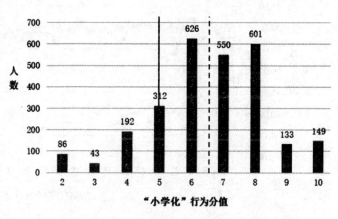

图 5-41 家长幼儿教育"小学化"的行为

九、家园合作与家长教育压力

家园合作是幼儿园工作的重要内容,家庭是幼儿园重要的合作伙伴。《幼儿园教育指导纲要(试行)》指出:"幼儿园应与家庭、社区密切合作,与小学相互衔接,综合利用各种教育资源,共同为幼儿的发展创造良好的条件。"家庭参与幼儿园教育工作,通过幼儿园了解诸多关于科学育儿的知识,为幼儿创造健康、丰富的生活和活动环境,满足幼儿多方面发展的需要。本研究从六个维度来评价家园合作:当好家长、相互交流、在家学习、参与决策、志愿服务、社区协作。那么,家园合作总分及其各维度与家长教育压力之间存在关联吗?家园合作能够减轻家长的教育压力吗?下面将对此进行分析。

（一）家园合作总分与家长教育压力

图 5-42 显示的是家园合作不同程度的家长的教育压力状况。图中折线显示，随着家园合作程度提高，家长的教育压力呈缓慢波动下降趋势。这可能是由于家园合作程度越高，家长越能高度配合幼儿园保教工作，能够及时得知幼儿在园情况，同时家长能够定期从幼儿园处获得科学育儿知识与指导，能够妥善地解决幼儿成长中的问题，因此家长的教育压力程度相应也会减轻。统计显示，家园合作与教育压力呈负相关（$r=-0.133$，$p < 0.01$）。

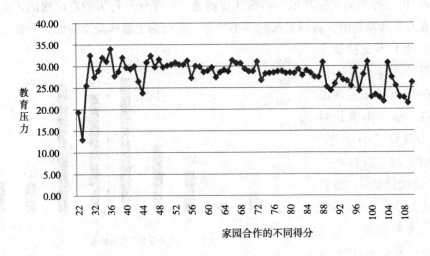

图 5-42　家园合作与教育压力

（二）各维度与家长教育压力

1. 当好家长与家长教育压力

本研究主要从为孩子营造良好的环境、从各方面了解关注教育孩子的信息等方面来测量当好家长这一维度。图 5-43 显示的是在当好家长方面得分不同的家长的教育压力状况。从折线上来看，当好家长得分不同的家长，其教育压力差异不大，而统计上显示，当好家长与教育压力呈轻度负相关关系（$r=-0.049$，$p < 0.05$）。父母若能在养育孩子期间较多地关注获取科学育儿资讯、参与幼儿园的活动并且愿意接受老师的推荐与指导，其教育压力会相对减轻一点，但是当好家长与教育压力相关度不高，也就是表明当家长做好当好家长的事情，其教育压力变化并不明显。

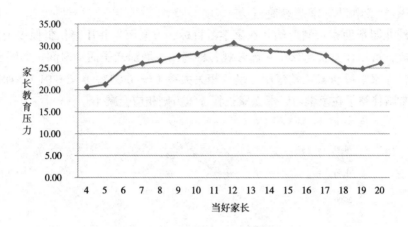

图 5-43 当好家长与教育压力

2.相互交流与家长教育压力

家长和幼儿园教师之间相互交流有利于减轻家长压力。图 5-44 显示的是在与幼儿园教师间不同程度相互交流情况下,家长的教育压力状况。从波动式折线中可见,家长与教师间相互交流越多,家长的教育压力越小。统计上显示,家长与幼儿园教师间的沟通交流与家长教育压力呈负相关($r=-0.178, p < 0.01$),这表明,家长与幼儿园教师通过多种通信工具(如 QQ、微信、电话等)进行沟通,让家长充分了解孩子在园情况、让教师充分了解孩子在家表现,开展多种形式联谊活动等,都有利于减轻家长的教育压力。

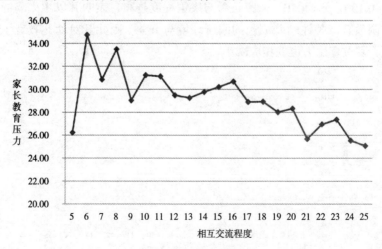

图 5-44 相互交流与教育压力

3. 在家学习与家长教育压力

幼儿园帮助家长制定幼儿在家学习目标、方案等，并让家长督促孩子遵守与完成，可以让家长与孩子一起参观各种场馆，增加亲子活动时间。如图 5-45 所示，在家学习与家长教育压力呈负相关关系（*r*=-0.097，*p* < 0.01）。如果父母经常陪伴孩子在家学习，那么家长教育压力则相应会减小。

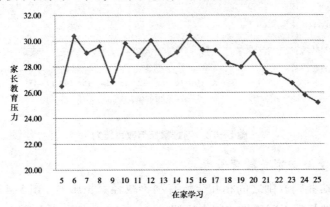

图 5-45　在家学习与教育压力

4. 参与决策与家长教育压力

参与决策指的是幼儿园鼓励与组织家长参与幼儿园管理等活动，注重家长的意见并及时给予反馈，家长也积极参与幼儿园事务等。图 5-46 显示的是参与决策不同程度下家长的教育压力，结果显示，参与决策与家长教育压力呈负相关（*r*=-0.136，*p* < 0.01）。家长参与决策程度越高，表明其以主人翁的身份参与幼儿园教育，关注幼儿成长的园所环境与事务，因此其对幼儿教育了解的程度越高，其教育压力也就相应减小。

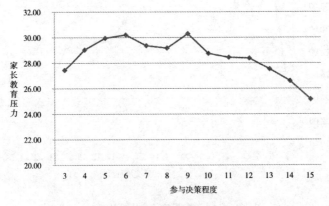

图 5-46　参与决策与教育压力

5.志愿服务与家长教育压力

图 5-47 显示的是参与志愿服务的家长的教育压力状况。图中曲线呈倒 "U"形，志愿参与平均得分在 9 分以下，家长的教育压力呈波动递增趋势；而志愿参与平均得分在 9 分以上，家长的教育压力基本上呈波动递减趋势。这就表明，经常参与幼儿园志愿服务的家长，其压力值会随着参与次数的增加而降低。统计表明，参与志愿服务与教育压力呈轻度负相关关系（$r=-0.090$，$p < 0.01$）。

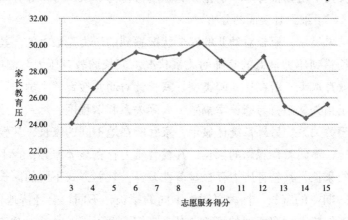

图 5-47　志愿服务与教育压力

6.社区协作与家长教育压力

图 5-48 显示的是孩子所在幼儿园与社区协作不同频次的家长的教育压力状况。调查显示，幼儿园与社区协作频次越高，家长的教育压力程度越低，社区协作与家长教育压力呈负相关（$r=-0.097$，$p < 0.01$）。

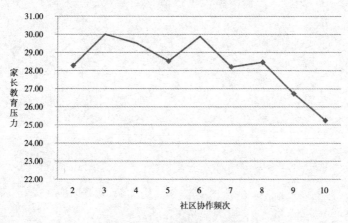

图 5-48　社区协作与教育压力

十、本章小结

本章主要研究的是学前教育阶段父母的教育压力状况。本研究分别探究了学龄前儿童的家长的教育压力的整体概况，而后分别从人口学变量、辅导班／兴趣班培训、教育期望、生育观念、性教育情况、个人幸福感知情况、社会经济地位、家长关于幼儿教育"小学化"的态度与行为、家园合作等方面对家长的教育压力进行了细致且全面的分析。

分析结果显示，家长对幼儿的安全状况感到的压力是最大的，其次为身体状况，家长感到压力最低的是师幼关系状况。家长的教育压力与家庭子女数、母亲的受教育水平、所在幼儿园类型、家长针对幼儿教育"小学化"的态度与行为等呈正相关关系，与家长幸福感、人际关系和谐程度、母亲职业、家园合作等呈负相关关系。另外，统计显示，家庭所在地不同的家长，其教育压力水平存在差异；不同教育观念的家长，其教育压力存在显著差异；报不同数量语言培训班的家长，其教育压力存在显著性差异。教养方式不同的家长、对孩子职业有不同期待的家长、性教育频次不同的家长、不同社会经济地位的家长、对生活与工作持不同满意度的家长、对未来信心度不同的家长、对孩子受教育状况满意度不同的家长，他们的教育压力存在显著性差异。统计也显示，收入水平不同的家庭、幼儿就读不同年级的家长、报不同个数培训班（艺术类、美术手工类、科学探索类、亲子类）的家长、培训花费不同的家长、对孩子文化程度期望不同的家长、辅导功课主体不同的家庭等，其教育压力无显著性差异。